新 — 悦

遇见智识与思想

失落文明系列简介

本系列丛书意图探索伟大的古文明的兴衰和古代世界人们的生活。每本书不仅涉及所述文明的历史、艺术、文化和延续至今的影响，还试图解释它们与当代生活的联系以及在当代社会中的重要意义。

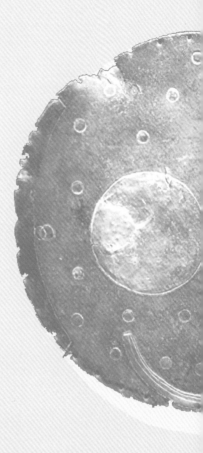

该系列已出版

《古希腊人：在希腊大陆之外》
 ［英］菲利普·马特扎克（Philip Matyszak）

《六千零一夜：关于古埃及的知识考古》
 ［英］克里斯蒂娜·里格斯（Christina Riggs）

《从历史到传说：被"定义"的哥特》
 ［英］戴维·M.格温（David M.Gwynn）

《携带黄金鱼子酱的居鲁士：波斯帝国及其遗产》
 ［英］乔弗里·帕克（Geoffrey Parker）
 ［英］布兰达·帕克（Brenda Parker）

《蛮族世界的拼图：欧洲史前居民百科全书》
 ［波］彼得·柏迦基（Peter Bogucki）

即将出版

《众神降临之前：在沉默中重现的印度河文明》
 ［英］安德鲁·鲁宾逊（Andrew Robinson）

《伊特鲁里亚文明》
 ［英］露西·希普利（Lucy Shipley）

PETER BOGUCKI

[波] 彼得·柏伽基＿著

朱鸿飞＿译

蛮族世界的
拼图

欧
洲 史前居民
百科全书

中国社会科学出版社

审图号：GS(2020)5580号
图字：01-2020-2121号
图书在版编目（CIP）数据

蛮族世界的拼图：欧洲史前居民百科全书／(波)
彼得·柏伽基著；朱鸿飞译. — 北京：中国社会科学
出版社，2021.3
书名原文：The Barbarians
ISBN 978-7-5203-6777-6

Ⅰ.①蛮… Ⅱ.①彼… ②朱… Ⅲ.①欧洲－古代史
－通俗读物 Ⅳ.①K500.9

中国版本图书馆CIP数据核字(2020)第121678号

出 版 人	赵剑英
项目统筹	侯苗苗
责任编辑	侯苗苗　桑诗慧
责任校对	周晓东
责任印制	王　超

出　　版	中国社会科学出版社
社　　址	北京鼓楼西大街甲 158 号
邮　　编	100720
网　　址	http://www.csspw.cn
发 行 部	010-84083685
门 市 部	010-84029450
经　　销	新华书店及其他书店

印刷装订	北京君升印刷有限公司
版　　次	2021 年 3 月第 1 版
印　　次	2021 年 3 月第 1 次印刷

开　　本	880×1230　　1/32
印　　张	10.75
字　　数	211 千字
定　　价	85.00 元

凡购买中国社会科学出版社图书，如有质量问题请与本社营销中心联系调换
电话：010-84083683

地图 1　蛮族世界北部，图上标出了书中提到的遗址位置

（注：本书地图系原书所附。）

地图 2　蛮族世界南部，图上标出了书中提到的遗址位置

（注：本书地图系原书所附。）

前　言

　　在欧洲地中海地区繁荣昌盛的古希腊文明和古罗马文明不是孤立发展起来的。在它们北方，没有文字的民族定居在从大西洋（Atlantic）到乌拉尔山脉（Urals）的河谷、山川、平原和沿海地区。古地中海文明称之为"蛮族"，以此表示自己与他们的区别以及他们的异族特征。我们对蛮族历史的了解几乎完全来自对聚落、祭品、遗迹和墓葬的考古发现，这些考古发现和有文字记录的伟大城市文明的历史一样引人入胜。而且，通过新发现、纪念仪式、旅游景点甚至政治活动，史前欧洲历史的影响直达现代时期。

　　地中海北岸的古希腊、古罗马文明被欧洲、西南亚和北非的蛮族所包围。本书讲述生活在欧洲的蛮族，我的考古学研究就集中于这一地区。大部分关于蛮族的讨论始自这些民族与古希腊罗马文明接触之际，不同于这些讨论，我将表明，在公元前一千纪遇到希腊人和罗马人的这个社会，有悠久的史前传统。作为考古学家，我对物质资料的采用优先于书面描述，并且本书的目的之一就是向读者表明，考古学能告诉我们哪些文字讲述不了的内容。

我不得不承认，"蛮族"与"失落的文明"这两个概念本身是矛盾的。从希腊和罗马居民眼中的"文明"概念来看，我们称作"蛮族"的这些人并不"文明"。除了在邻近文字社会受过教育的少数人外，大多数人不会读写希腊文或拉丁文。除了公元前一千纪末的少数几个名为"oppida"（城镇）的大城镇外，他们也不在堪称城市的居住地生活。与构成古希腊和古罗马社会的等级制度和规则相比，蛮族的社会组织规范相当混乱。他们没能通过"文明"这一概念的每一项测试。

然而，从始于石器时代的这个长期时间跨度来看，欧洲蛮族揭示出一段关于创新、流动和社会复杂性的非凡历史。他们投入精力和热情，贸易、耕作、放牧和战斗。一些蛮族社会的成员追求地位、财富和声望，另一些成员则埋首日常工作。遭遇文明社会时，他们巧妙地利用新机会来实现阶层流动。仅仅因为蛮族不同于希腊人和罗马人这一点并不意味着他们不值得关注。

本书不是一部关于欧洲蛮族的权威巨著。相反，它讲述了我所理解的精彩部分，尤其是我过去40年来的考古研究、教学和写作过程中，个人觉得有趣的话题。我希望读者会觉得其中许多内容很有意思，并且去寻找更多信息。许多信息可以在互联网上找到，不过这些需要批判性地看待。蛮族生活过的欧洲各地的遗址和博物馆也会展示、解读和重建这些史前社会的物质世界，访问这些地方可以学到很多东西。

今天，蛮族世界的遗产依然在我们身边。因此，本书的另一个目标是将蛮族的历史引入当今，反思我们该如何评价文字出现前的欧洲民族。书的最后一章讨论了蛮族的故事在现代历史、政治和文化中的角色。

大事年谱

约公元前 9500 年	相对现代的植被和动物群在欧洲温带地区（temperate Europe）形成
约公元前 7000 年	希腊出现了栽培植物和驯化动物
约公元前 5500 年	农耕开始在欧洲中部扩张
约公元前 4000 年	斯堪的纳维亚（Scandinavia）南部和不列颠群岛（British Isles）的狩猎—采集民族采用农耕生产方式；第一批"湖上史前木桩屋"（lake-dwelling）聚落在阿尔卑斯前沿地[1]建立
约公元前 4000—前 3500 年	大概在欧洲中部或东南部，有轮子的车辆被发明出来

---

[1] Alpine Foreland，德国南部一块由高原和丘陵构成的三角形地区，西起博登湖，东至林茨（Linz）以东，南以巴伐利亚阿尔卑斯山（Bavarian Alps）为界线，北至多瑙河（Danube）。本书注释若无特别说明，均为译者注。

公元前 3384—前 3370 年	博登湖（Lake Constance）上的阿尔邦布莱歇 3 号遗址（Arbon-Bleiche 3）有人定居
约公元前 3300 年	奥茨冰人（Ötzi the Iceman）在阿尔卑斯山穿行时被打死
约公元前 3200 年	爱尔兰建起纽格兰奇（Newgrange）通道式坟墓
约公元前 2900 年	第一条壕沟和堤岸在巨石阵（Stonehenge）开建
约公元前 2620—前 2480 年	巨石阵规模扩张到最大
约公元前 2400—前 2300 年	埃姆斯伯里弓箭手（Amesbury Archer）在巨石阵附近丧生
约公元前 2500—2000 年	欧洲温带地区从石器时代（Stone Age）向青铜时代（Bronze Age）转变
公元前 2049 年	海上巨圈阵[1]在英国沿海被建造
约公元前 2000 年	灌木古坟墓主[2]与奢华的陪葬一起埋在巨石阵附近

[1] Seahenge，又名霍姆 I（Holme I），位于英国诺福克郡（Norfolk）滨海霍姆村（Holme-next-the-Sea）的一处史前遗址。这是一个木柱圈，中央有一块倒置的树根，约建于英国青铜时代早期的公元前 21 世纪。现代理论认为它被用于仪式目的。
[2] Man in Bush Barrow。灌木古坟（Bush Barrow）是诺曼顿丘陵（Normanton Down）古坟群中的一座古坟，因其上有灌木而得名。

约公元前 1550 年	多佛尔船（Dover Boat）被抛弃
约公元前 1370 年	在丹麦，艾特韦女孩（Egtved Girl）葬在一口橡木棺材里
公元前 1365—前 967 年	英格兰东部弗拉格低地遗址（Flag Fen）的仪式平台建成并得到维护
约公元前 1000—前 800 年	欧洲温带地区从青铜时代向铁器时代（Iron Age）转变
约公元前 800—前 500 年	盐在哈尔施塔特（Hallstatt）得到大规模开采
公元前 747—前 722 年	比斯库平聚居区（Biskupin）在波兰北部建成
约公元前 600 年	希腊人在法国南部的马赛（Massalia）建立贸易殖民城市
约公元前 590—前 530 年	德国西南部的霍伊讷堡（Heuneburg）使用泥砖墙
约公元前 400—公元 400 年	沼泽尸体被丢弃在北欧各地的湿地里
约公元前 350—前 300 年	约特斯普林船（Hjortspring Boat）与武器祭品被投入沼泽
约公元前 300 年	拉登（La Tène）艺术风格出现在西欧

约公元前 200—公元 400 年	爱尔兰各地兴建了大量"皇家"旧址
公元前 148 年	科利亚古道（Corlea Trackway）在爱尔兰建成
公元前 58 年	恺撒（Julius Caesar）入侵高卢（Gaul）
公元 9 年	阿米尼乌斯（Arminius）领导的当地军队在条顿堡林山（Teutoburg Forest）屠杀瓦卢斯（Publius Quinc-tilius Varus）的罗马军团
公元 43 年	罗马人入侵不列颠
约公元 200 年	伊勒普 Å 河谷（Illerup Ådal）的战利品献祭
公元 310—320 年	德国北部打造尼达姆船（Nydam Boat）
公元 406 年	蛮族强渡莱茵河（Rhine），带来巨大破坏
公元 410 年	哥特人[1]洗劫罗马，罗马官员离开不列颠

---

[1] 哥特族是日耳曼族的一支，公元 3—5 世纪从东方入侵罗马帝国；东哥特族（Ostrogoth）在意大利建立王国，西哥特族（Visigoth）在西班牙建立王国。

公元 451 年	罗马人和西哥特人在法国东部的沙隆（Châlons）击败匈奴（Huns）
公元 476 年	传统认为的罗马帝国（Roman Empire）在西方崩溃的日期
公元 480 年	厄兰岛（Öland）上的桑比堡（Sandby Borg）遭洗劫，居民被屠杀
公元 481/482 年	法兰克人[1]的国王希尔德里克（Childeric）葬在比利时图尔奈（Tournai）
公元 496 年	希尔德里克的儿子克洛维（Clovis）改信基督教
公元 1557 年	沃尔夫冈·洛齐乌什（Wolfgang Lazius）采用"欧洲民族大迁徙时期"（Migration Period）这一概念表示公元一千纪的人口迁徙
公元 1808 年	威廉·坎宁顿（William Cunnington）挖掘离巨石阵不远的灌木古坟
公元 1854 年	费迪南德·凯勒（Ferdinand Keller）研究瑞士的湖上史前木桩聚落遗址

---

[1] Franks，日耳曼人的一支，公元 6 世纪攻克高卢后，控制西欧大部分地区达数百年。

公元 1933 年	瓦伦蒂·什瓦泽（Walenty Szwajcer）在波兰发现了比斯库平遗址
公元 1950 年	图伦男子（TolLund Man）在丹麦被发现
公元 1987 年	托尼·克兰（Tony Clunn）在条顿堡林山发现了一处罗马人大败的遗址
公元 1991 年	远足者在阿尔卑斯山发现了奥茨冰人
公元 2014	新石器时代的"奢华墓葬"在法国拉沃（Lavau）被发现

目　录

简　介　001

第 1 章　猎人、渔夫、农民和金属工匠　017

埃姆斯伯里弓箭手的故事 / 冰川退去后 / 森林里的农夫 /

阿尔卑斯山脚湖景 / 车辆 / 铜的冶炼 / 冰人的故事 /

石头作证 / 爱尔兰墓地 / 石器时代的巅峰 / 公元前 2000 年的蛮族世界

第 2 章　联系、仪式和象征　055

青铜：第一种人造金属 / 青铜时代的日常生活 / 青铜时代的航海 /

青铜时代的丧葬 / 仪式、水和仪式实施 / 石刻艺术 /

爱尔兰的黄金 / 公元前 800 年的蛮族世界

第 3 章　贸易、盐、希腊人和财富　087

铁的出现 / 谁是凯尔特人？ / 淹没在水下的波兰北部湖畔村庄 /

盐成为财富 / 哈尔施塔特的矿工及其坟墓 /

蛮族遇上希腊人 / 希腊人开启了中欧的一个镀金时代 / 拉索瓦山 /

霍伊讷堡 / 奢华坟墓 / 霍赫多夫的"王子" / 维村夫人 /

拉沃的一座新出土坟墓 / 英吉利海峡另一面的山上要塞 /

公元前 450 年的蛮族世界

第 4 章　罗马人遇上铁器时代晚期　121

拉登装饰风格 / 篱笆围起的农庄 / 权力分化 / 步道 / 水、祭献和人类牺牲 /

水、祭祀和战利品 / 城镇 / 比布拉克特 / 罗马人遇上蛮族 /

接触与"罗马化" / 罗马人在高卢和不列颠 / 日耳曼尼亚的罗马边境 /

受保护的国王和军阀 / 莱茵河另一面的败局 /

罗马对欧洲大陆边界外的影响 /

冈德斯特鲁普银锅：铁器时代晚期代表 / 公元 100 年的蛮族世界

第 5 章　罗马帝国边境以外的蛮族　169

边境缓冲地带 / 边境地区以外的蛮族 / 爱尔兰的"皇家"旧址 /

退伍兵和商人将罗马带到波罗的海地区 /

北方的中心地区 / 古默的海滩市场和权贵农场 / 乌普恰 /

战利品献祭 / 开始迁徙 / 人群中的面孔：哥特人 / 匈奴：明显的例外 /

撒克逊人的冒险 / 坟墓里的蜜蜂 / 桑比堡 /

公元 500 年及以后的蛮族世界 /

第 6 章　蛮族永存　215

有用的历史 / 时间概念 /

媒体上的蛮族 / 为国服务的蛮族 / 文物管理 /

造访蛮族 / 今天的蛮族世界

注　释　248

参考书目　273

致　谢　292

图片提供鸣谢　294

重要译名对照　297

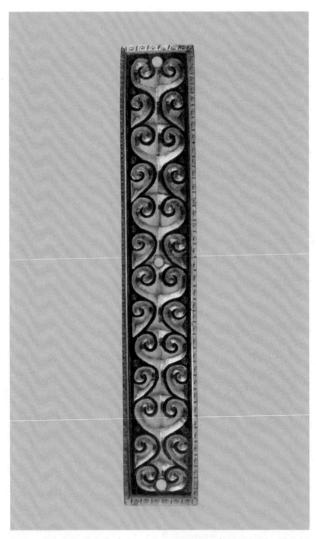

图 1　来自韦尔芒宝藏（Vermand Treasure）的矛杆架，约公元 400 年。韦尔芒宝藏是有史以来发现的陪葬品最丰富的蛮族武士墓。墓主很可能是驻扎在罗马高卢行省的一名辅助兵

简　介

公元前 2000—公元 500 年[1]，定居在欧洲阿尔卑斯山以北地区的不寻常社会在许多方面都可以媲美地中海古文明，只有一项例外：文字。除了归类在"蛮族"这单一名字之下，他们在不断涌现的欧洲社会的历史描述中相对默默无闻。虽然我们对这些民族有大量了解，但对古典作者的书面材料的优先采用直接忽略了关于他们的丰富证据。他们的遗迹遍布欧洲地表，地下则埋藏着他们的住地和坟墓。然而在大众想象中，他们是应为罗马的崩溃和其他反人类罪行负责的暴力、嗜血的杀人狂。

本书试图纠正对蛮族的这一传统指责。为了防止读者将本书想象成"阿米尼乌斯的春天"[2]，让我强调下，本书无意将史前北欧居民描绘得比他们本身更为文明。他们的恶名已经广为流传了许多世纪，这一点也让他们被排除在历史之外。然而，我们确实应该关注谁建造了巨石阵，制造青铜器和铁器意味着什么，尤其应该关注，希腊人和罗马人向北扩张的时候，他们遇到的是什么样的人。

因为直到本书所涉这段历史的很晚时期，我们才得知生活在北欧地区的民族的名字，所以我们得将他们理解成由类似的物品、习俗及悠久历史联系起来的社会。我们不知道他们如何设想自己的身份，但可以确定，他们从不认为自己是蛮族。他们是和所有其他人一样的农夫、商人、金属工匠、首领、奴隶、父母和子女。他们共同构成了我下面所称的"蛮族世界"（Barbarian World）。

蛮族世界不是一个大一统的实体。本书关注的 3000 年时间里，它经历了多次转变。从爱尔兰到俄罗斯，从北极圈到阿尔卑斯山，它在地理上也千差万别。然而纵贯整个地区，古老的民族跨越遥远的距离建立了联系，延续了无数世纪的传统和记忆。蛮族没有文字这一点并不意味着他们不该被写进历史。

书面材料存在的问题

古典作者确实写过蛮族，直到后来才有记录的神话和传奇也可以回溯到有文字之前的历史。然而，许多写到蛮族的古典作者从未真正遇到过一个蛮族，来自间接资源的推断带来的是传说和细节夹杂的一团乱麻。后世人种史学和描述，以及旅行者的叙述是更好的资源，但它们覆盖的范围有限，提供的仅仅是复杂的社会、政治和宗教状况的一些概略。

没有文字的民族相关的书面材料存在的最大问题在于，它们强化了作者的观点。这是历史学家一直面临的一个问题。正如温斯顿·丘吉尔（Winston Churchill）提到斯坦利·鲍德温[1]时所说，"历史将会判定，那位光荣而正确的绅士错了……因为我将书写那段历史"。[3] 所幸别人也会写到 20 世纪 30 年代的英国政治，因此历史学家可以评价丘吉尔的叙述是否准确。而对于没有文字的古老民族而言，高高在上的文字作者的作品为了解他们强加了一个特定的视角。例如，几乎所有对南北战争前美国南方非裔奴隶生活的描述都出自白人作者之手，因为教奴隶读写是非法的（尽管一些奴隶确实学会了读写）。因此，关于他们日常生活的知识要么没有记录，要么就是被严重歪曲的。

同样的局限性也适用于史前欧洲史。希腊和罗马编史者的描述不仅写得不公正，而且也不是为不偏不倚的读者而写。正如我们在下面将要看到的，在罗马帝国边境内的被征服民族，以及边境外的未征服民族间划一条清晰界限合乎恺撒和其他罗马作家的心意。这样的区别也许是真的，也许不是。有迹象表明，这种区分并没有反映边境两侧社会和种族的内在相似性。因此，来自古典作家的关于蛮族世界的书面材料相对较少，我们也不能将它们奉为权威，只能

---

[1] Stanley Baldwin（1867—1947），英国保守党政治家，曾三次出任首相。

当成一类证据，而且是有瑕疵的证据。

考古学作为主要证据

关于蛮族世界的直接知识几乎完全来自考古学。考古学研究历史民族的物质遗迹，我们从中推断出他们的生活和活动细节。几个世纪以来，大量信息塞满了欧洲各地的博物馆和考古实验室，它们来自对公元前最后几千年和公元一千纪的考古研究。考古学家集中在大学、博物馆、国家和地方文物部门及从事拯救考古的私人公司里。来自北美以及远至日本的学者都参加了欧洲考古学的研究工作。在考古研究的基础上，我们对蛮族世界有了大量了解，但我们不知道的还有太多太多。

北欧和中欧的考古研究包含了对古代遗址及其所含文物的研究，也研究从河流、海床、冰川和其他不寻常地区发现的零散物品。它不同于对希腊罗马古典世界和埃及文明与近东文明的考古研究，因为相比之下，欧洲蛮族的遗址平淡无奇。这里没有雅典卫城（Acropolis），没有吉萨金字塔群（Pyramids of Giza），没有罗马斗兽场（Colosseum）。除少数外来的铭刻和文本外，蛮族留下的遗址中没有文字；除了通过贸易获得的之外，基本没有形象雕塑。英格兰南部的梅登堡（Maiden Castle），这样一座巨大的山上要塞会让考古学家叹为观止，但在外行看来，它只是许多条围着一座小山的壕沟。
即使在照片上看起来很大的巨石阵，在与主要的古典遗迹相比时也
显得微不足道。

欧洲蛮族的遗址很小，地表上经常看不到。其中最明显的是成
千上万座又名古墓或古坟的坟丘。它们几乎无处不在，还有许多在
上千年里被毁坏。其他墓葬则埋在公墓或私墓里。蛮族的墓葬遗址
经常产出壮观的陪葬。人类尸体也出现在一些不同寻常的地方，有
的干化在高高的阿尔卑斯山，有的被埋在沼泽里。这些人经历了可
怕的死亡。

从冰川期（Ice Age）的猎人到早期的农民、牧民和金属工匠，
直到文字文明的萌芽，史前聚落的证据在欧洲随处可见。大部分聚
落都不复存在，因为主要的建筑材料是会腐烂的木材，除非它们被
泡在水里。因此，我们对欧洲古代建筑的了解多来自土壤里的印迹，
直立的木材在这些位置被插入柱坑或壕沟。它们结构的多样性令人
惊讶：长的、短的、圆的、椭圆、大的、小的。虽然我们对它们的
轮廓了解很多，但对结构和屋顶知之甚少，尽管我们可以做出合理
猜测。

图2 考古人员发掘波兰乌尼奥瓦（Łoniowa）的石器时代长屋，照片上显示了柱坑和坑

　　古人还会在屋子内部和周围挖坑。有时候，挖坑是为了用挖出的黏土刷墙，还有一些坑被用于贮藏物品。完成最初的用途后，这些坑通常被当作垃圾坑。考古学家喜欢垃圾。垃圾里的破碎陶器显示了地区差异、年代差异及与其他遗址的相似性。用坏的工具和制造过程中产生的废料为我们提供了古代技术和用料的信息。动物骨和烧焦的种子让我们得以重构古代食谱。水下埋藏物包含花粉、昆虫和植物残骸，给出了该聚落生活的一幅广阔图谱。一个满满的垃圾坑里能找到书面来源中找不到的许多故事。

最后还有举行仪式的遗址，其中最著名的例子是巨石阵。一些遗址突出于地表，如石圈，另一些则隐藏着。丹麦的约特斯普林船（Hjortspring Boat）上有战败的入侵军队的武器、盾牌和工具，是胜利者为表示感谢而献的祭。石刻在斯堪的纳维亚和阿尔卑斯山异常丰富。沼泽和其他湿地以及现在已不可见的小树林具有特殊的精神意义。

尽管有如此丰富的信息，但如果没有适用的分析技术，遗址和文物本身能告诉我们的就非常有限。陶器和工具可以根据形制和装饰分类来显示遗址间的异同。古植物学家和动物考古学家研究种子和动物骨。化学家从陶器里的肉食和奶中寻找动物脂肪残留。墓葬提供了保存在牙齿和骨骼中的古人 DNA。来自牙齿的锶同位素比值给出了某人的迁徙信息，有时这种迁徙距离远得惊人；这些信息可以告诉我们某人是在当地还是外地长大的。计算机使海量信息的研究成为可能，可以虚拟再现文物、房屋和聚落。

许多人将考古学比作一个巨大的拼图游戏。考古学家经常回答说，是的，它可能像拼图游戏，但有人扔掉了 90% 的拼图块，而且盒子里没有图样。一个更恰当的比喻是，尽管老式的钥匙孔现在已不复见，考古学就像透过钥匙孔弄清一个房间里有什么。新发现导致旧结论受到质疑。考古学家们对古代社会应如何重构就常常意见不一，因此，我们现在对蛮族世界自以为是的了解绝不应看成是不可更改的。

时期确定

做考古研究，我们需要知道物品的年代。考古上的时期有两种：相对时期和绝对时期。因为考古学的一个基本原则是年代较久的物品埋藏在年代较新的物品之下，通过发现一种遗迹埋在另一种之下的环境，我们可以建立两种遗迹间的时期关系。因此，只有在发现物品位于古人丢下它们时的位置和地层时，相对时期才可以确立。过去两个世纪以来，考古学家不厌其烦地收集、整理了这些顺序，为欧洲古代遗址上发现的几乎每件物品的相对年代提供了清晰的概念。

绝对日期将考古发现与日历年代对应起来，但它其实并不像行外人想象的那样准确。确定绝对日期需要科学方法。当木头由于泡水或脱水而得以保存时，通过与年度降雨量变化造成的当地标准厚度顺序相对比，对树木年轮的研究可以得出年代或季节的时间。碳—14断代法又叫放射性碳定年法，是第二次世界大战后发展起来的，依据的是碳的放射性同位素碳—14向氮—14的衰变。这一方法最近[1]的改进带来了相当高的准确度，使日期可以确定在半个世纪范围内。用于对蛮族世界的研究，上述两种方法是确立遗址和文物日历年代的基本技术。

----

[1] 原书于2017年首次出版。

图3 克里斯蒂安·于恩森·汤姆森（Christian Jurgensen Thomsen）肖像，作者：约翰·威廉·格特纳，绘于1848年

　　遗址和文物的年代确定后，我们将它们融入更广阔的关联体系内。对古代欧洲的研究中，用于讨论较大时间范畴的基本结构被称作"三时代划分体系"（Three-age System）[4]。该体系被设想出来两个世纪之后，依然用在对古代欧洲时代的总体划分上。今天，为便利交流，考古学家使用石器时代、青铜时代和铁器时代这三个简称。

　　1816年，克里斯蒂安·于恩森·汤姆森（1788—1865）被任命为丹麦国家博物馆（Danish National Museum）馆长。这里的馆藏物品一片混乱，汤姆森需要想出一个合理的方式来展示它们。一个聪明的主意诞生了——根据制造工具所用材料给它们分类：石头、青铜和铁。汤姆森还将他的分类方法扩大至与这些器具一起出土的其他物品上。例如，他注意到某些陶器类型只和石头工具一起出土，而玻璃珠只和铁制工具一起出现。汤姆森的助手扬斯·雅各布·阿斯穆森·沃索（Jens Jacob Asmusssen Worsaae，1821—1885）将博物馆展示用的三时代划分体系带到野外发掘中。这种划分体系要求仔细观察，发现类型间的关系来建立它们的相对时期。这种对发现背景的关注确立了野外考古学作为一门专业学术学科的地位。今天，汤姆森和沃索的三时代划分体系依然被用作史前欧洲的总体组织原则。三个时代间的界限并不明确，它们也不是在欧洲任何地方都拥有同样的绝对时期，因此读者不应认为这一体系是颠扑不破的真理。更重要的是，我们必须明白，这是一套考古学家强加的体系。古人根本不知道自己是生活在石器时代、青铜时代还是铁器时代，他们也没有一觉醒来后发现自己从一个时代跨越到另一个时代。这一点也许微不足道，但我依然会在整本书中努力区别什么是蛮族世界的居民的现实，什么是考古学家强加的解释。诸如青铜时代之类的考古学概念不仅是一段时间，而且是一套技术，是社会、经济和仪式习俗，它的根源可追溯到为后来发展打下基础的之前数千年。

蛮族世界的地理分布

60 多年前，英国史前学家格拉厄姆·克拉克（Grahame Clark，1907—1995）确立了反映在考古记录中的两个大的欧洲分区[5]，他称为欧洲地中海地区和欧洲温带地区。前者由与地中海相邻并向西延伸到包含西班牙和葡萄牙的地区组成。它的自然植被由夏季干旱和冬季雨水造成的地中海地区的常绿森林组成。在这一地区，伟大的古希腊文明和古罗马文明在当地早期文明的基础上崛起。

在地中海地区的自然植被被农业和工业改变之前，欧洲温带地区覆盖着落叶林。这片地区起自大西洋沿岸和不列颠群岛，穿过中欧和斯堪的纳维亚南部，最后进入俄罗斯欧洲部分。这片地区季节差异明显，地形复杂多变。阿尔卑斯山是最高的山脉，其次是东部的喀尔巴阡山脉（Carpathians）和北部的斯堪的纳维亚山脉。巨大的平原，如潘诺尼亚平原（Pannonian Plain）和北欧平原（North European Plain），以及河流大动脉，如多瑙河、易北河（Elbe）和莱茵河，使迁徙非常容易。北欧平原和阿尔卑斯山之间是一片起伏的高地山峦，同样的地形也出现在不列颠群岛。

人们以不同的方式散布在整个地区。他们与特定地区的联系带来了地区间互不相同的陶器、工具、武器和装饰品。而且，这些物品的风格还会随时间而改变。三时代划分体系这一突破性观点提出之后，19 世纪的考古学家很快认识到，这些风格上的地理差异是解读欧洲各地史前记录的关键。瑞典考古学家奥斯卡·蒙特柳斯（Oscar Montelius，1843—1921）编制了北欧青铜器物类型分布图，德国考古学家保罗·赖内克（Paul Reinecke，1872—1958）建立了公元前一千纪中欧的时间顺序框架。其他考古学家进一步发展了对地理和风格差异间相互影响的研究，这些人中有德国民族主义考古学家古斯塔夫·科辛纳（Gustav Kossinna，1858—1931）和澳大利亚—英国著名史前学家 V. 戈登·蔡尔德（V. Gordon Childe，1892—1957）。

对蛮族世界的研究中，地理还承担着另一个角色，那就是人与环境间的相互作用。气候变化一直是人类体验的一部分，蛮族世界也经历了相对温暖和相对寒冷的时期。降雨量年与年之间也各不相同。这些变化会影响农业产量这类重要问题，因此人们需要调整以适应不同的条件。原材料的分布也不均衡。燧石、盐、铜、锡、木材和黄金产自特定地区，因而它们的获取和分配必须考虑开采和到达需求地的运输。最后，人会影响环境，这通常是坏的影响。今天，爱尔兰西部名为巴伦（Burren）的地区是一片光秃秃的石灰岩地貌，但在公元前最后几个世纪的砍伐和放牧之前，它薄薄的土壤上还生长着草和树。木材被当作建筑原料和燃料，牧放牲畜阻止了森林再生，这些早在工业时代前就急剧改变了欧洲的自然环境。

"显眼区"和普通人

　　蛮族世界的故事以特定地区为中心，这些地区一次次作为重要发展和标志性遗址所在地出现。我们可以将它们称作欧洲史前史的"显眼区"。[6]这些通常是若干重要的遗迹遗址、丰富墓葬和考古发现异常集中的地方。"显眼区"往往有丰富的资源，如肥沃的土壤，或位于重要贸易路线交汇处。考古学家被吸引到这些地区，因为那里总能有所发现，而且它很可能还会和之前的发现一样引人瞩目。

　　在蛮族世界，一块"显眼区"也许是一整个国家，如丹麦或爱尔兰，这两国的考古记录本身便可编成一本史前史教科书。有时候，它还可以是拥有史前聚落或纪念建筑的一小片地区。在不列颠群岛、奥克尼群岛（Orkney Islands）或围绕着索尔兹伯里平原（Salisbury Plain）的不列颠南部——古老的韦塞克斯（Wessex）王国——的中央部分就是这样的地区。在波兰，我们可以将小波兰（Małopolska）或库亚维亚（Kuyavia）这样的地区称作"显眼区"。有时候，一个"显眼区"只局限于某个特定时期，如公元前一千纪中叶的多瑙河、莱茵河、塞纳河（Seine）和罗讷河（Rhône）的分水岭，过了那个时期之后，它的光辉与邻近地区相比就不那么耀眼了。

　　本书将用相当大的篇幅关注一些"显眼区"，因为用它们的遗址和发现来讲述蛮族世界的故事是一个很好的方式。然而，我们免不了夸大这些地区重要性的诱惑，因此务必记住，在这些地区之外，人们也在生活、繁荣和挣扎。无论他们是否建造了壮观的纪念物或将逝者埋在奢华的坟墓里，也不管他们住在离巨石阵一两千米还是遥远的喀尔巴阡山谷，正是不知名的普通人的选择和工作创造了蛮族世界。

本书结构与主题

　　本书探究的时间和空间比大部分历史描述都更为广泛，目的是利用这一考古能力来提供一份高水平的蛮族世界概览。这一内容可以大大扩展，参考书目提供了更为深入的优秀图书和期刊的线索。最后，读者应该认识到蛮族世界的多样性。许多历史描述了在某个特定时间地点与没有文字民族的接触，但是，不同于它们制造的印象，历史上没有统一标准的"蛮族文化"。

　　读者可以将本书看成一次对蛮族世界的巡游。与所有的旅行一样，旅行者精心选择游览地点来获得对一个地区物品和习俗的代表性印象。包罗万象是不可能的。不过，本书期待读者得到一幅总体图像并且希望一次又一次回到蛮族世界来。

这场旅游将沿着一条由前至后的时间顺序路线进行，从冰原退缩后的石器时代开始，止于有文字的政体在北欧和西欧各地的建立。考古研究显然是比较性的，因此地区差异将得到强调。对特定遗址和地区的个案研究将阐明广泛的主题，但我也承认，我会偏向一些我觉得有趣的话题，以及我到访过或深入研究过的遗址。

面对阿尔卑斯山以北古代民族的研究，我鼓励读者关注其中一些大的主题，它们包括：创新与专门技能（对木材、燧石、石头、骨、鹿角、天然颜料、铜、青铜、铁、银和金等材料的掌握）；联系（水运工具、航海、有轮子的车辆以及铜、锡、盐、奢侈品和葡萄酒的贸易，还有对人类迁徙的同位素分析，所有这些证据都指出，长途旅行早在石器时代就出现了）；隔绝（用壕沟、堤岸、堡垒和尖桩栅栏划分区域的做法，以此提供分割、保护、控制或边界）；纪念（构成了风景并向所有看到的人发出强烈信息的大型建筑的建造，反映在巨石墓、竖起的石头、古坟和石坟墩、船葬、石圈、山上要塞、城镇和恢弘的建筑上）；仪式（以仪式纪念和传承价值与信仰的习俗，这些习俗一次又一次以复杂的葬礼、向沼泽河流的献祭、庆典、朝圣和岩石艺术等形式表现出来）；财富（社会精英用以展示地位和权力的物质财富的积累，我们一次次在包含奢华陪葬的墓葬和建筑差别中看到这种展示，它最终通向以首领和国王为形式的政治权力）；日常生活（许多人住在农庄，照管牲畜、耕种收获庄稼、制作日常物品，这些人是暴力和疾病的受害者，他们构成了遍布蛮族世界的社会的核心）。

第 1 章

猎人、渔夫、农民和金属工匠

要描述蛮族世界，我们需要在人类体验这一宏大叙事的欧洲部分里寻找一个起始点。这个点可以是随意的，早个上千年或迟个几世纪也许同样可行。不过眼下，我们先从公元前2300年左右的英格兰南部的索尔兹伯里平原开始这个故事。公元前三千纪，逐渐汇集到该地区的人在史称韦塞克斯的这片土地上，见到了不寻常的仪式建筑，巨石阵只是其中之一。我们通过遗骸及其陪葬品认识了生活在那里的一些人。考古学家称其中之一为埃姆斯伯里弓箭手，我们就从他开始蛮族的故事。

埃姆斯伯里弓箭手的故事

2002年，在英格兰南部的埃姆斯伯里，考古学家对巨石阵以南约5千米（3英里）的一所拟建学校地址做例行勘察时，发现了一名成年男子的坟墓。墓主头朝东北，向左侧躺在陪葬品中。[1] 骸骨旁是16支三角形箭镞和两块护腕。护腕是扁平的石片，绑在腕上防止手腕被弓弦弹伤。这是墓主所处时期典型的弓箭手装备，因此他被称作埃姆斯伯里弓箭手。除箭镞和护腕外，他的骨架旁还有三把铜刀、五口陶罐、四颗野猪獠牙和两块被认为是发饰或耳饰的神秘黄金饰品。

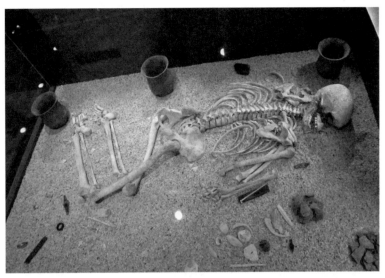

图 4　索尔兹伯里博物馆（Salisbury Museum）还原的埃姆斯伯里弓箭手坟墓

　　埃姆斯伯里弓箭手的骨骼和牙齿里包含丰富的信息。他的骨架呈屈膝位，年龄在 35—45 岁，身高约 1.75 米（5 英尺 9 英寸）。早年的一场膝伤使他落下了终生残疾。对弓箭手骸骨的碳—14 年代测定指出，他死于公元前 2400—前 2300 年。弓箭手牙齿内的氧和锶提供了其生长地的信息。牙釉质在童年时形成，吸收了食物和饮水中的氧和锶。温暖气候地区的氧 18 对氧 16 比率高于寒冷地区。锶同位素比值源自当地地形结构，锶 87 对锶 86 的比例随地区不同而不同。[2] 氧和锶同位素比值合起来记录下一个人的童年时期是在哪里度过的。同位素证据表明，埃姆斯伯里弓箭手在中欧度过了童年乃至少年时期，也许是在德国南部或瑞士的阿尔卑斯山麓，因为氧同位素指向一个比英格兰更冷的地区，但锶同位素排除了大部分北部地区。虽然我们大概了解他的牙釉质是在哪里形成的，并因此可能知道他出生在哪里，但我们不知道这位弓箭手到达英格兰所走的路线，也不知道他死前在那里住了多久。

考古学家将埃姆斯伯里弓箭手墓中的陶罐称作"钟形杯"（Bell Beaker）。这种器物广泛出现在公元前三千纪最后几个世纪的中欧和西欧。钟形杯是饮水杯，装饰繁复，没有把手，样子像一口翻转朝天的钟。它们通常出现在埃姆斯伯里弓箭手墓那样的坟墓里：一个曲着膝的单一男性，陪葬有箭镞、护腕，往往还有铜工具和黄金装饰等。有趣的是，他刀里的铜来自法国西部或西班牙北部，与钟形杯在欧洲大西洋沿岸地区的分布一致。埃姆斯伯里弓箭手出土后不久，一个 20—25 岁青年男子的骸骨在附近被发现。根据骨头推断的年代是公元前 2350—前 2260 年。陪葬品包括与埃姆斯伯里弓箭手类似的野猪獠牙、燧石工具和黄金装饰品，但没有水杯。两人肯定有血缘关系，因为两人都有一种罕见的遗传性足骨融合，因此这个青年被称作"弓箭手的同伴"（Archer's Companion）。然而锶同位素比值显示，年轻人在英格兰南部当地长大。他是弓箭手的后代吗？

接着，考古学家在博斯库姆高地（Boscombe Down）发现了一个同样离巨石阵不远的集体墓葬。墓里有至少五名成年男子的骸骨，以及一个很可能是男性的少年和一个（或许两个）儿童。一名男子年龄在 30—45 岁，早期受过伤，大腿粉碎性骨折，被埋在墓里时呈屈膝位，头朝北。另两名成年男子去世时年纪在 30 岁左右，少年则介于 15—18 岁。他们的骸骨散落在年长男子四周，因此这里不是他们的初葬地。因为相同的颅骨特征，所有男子和那名少年似乎是亲戚。

考古学家根据墓里的大量箭镞称这些人为博斯库姆弓箭手群（Boscombe Bowmen）。墓中的杯子上装饰着绳纹，表明它们与欧洲大陆的联系。他们牙齿里的锶和氧同位素比值将他们的来源地限制在威尔士（Wales），尽管布列塔尼（Brittany）、葡萄牙、法国中央高原（Massif Central）和黑林山[1]也有可能。然而他们的前臼齿和臼齿具有不同的同位素标签，表明这些弓箭手搬到巨石阵地区之前在一个地方生活到 5—7 岁，在另一个地方生活到 11—13 岁。这一点非常奇怪，因为他们年龄各异。小孩在童年后期被送到另一个地区，这是一种固定的迁徙模式吗？或者会不会这些有亲戚关系的人大致同时出生长大，接着一起搬到巨石阵地区，最后在不同的年龄去世，最后一个人离世后，死得早的那些人被重新与他葬在一处？

---

[1] Black Forest，德国西南部一条森林覆盖的山脉。

这三处墓葬显示了人们是如何从遥远的地方来到巨石阵地区的。显然，该地区的仪式地带[1]和丧葬纪念物拥有极大的吸引力。埃姆斯伯里弓箭手、他的同伴和博斯库姆弓箭手群的故事给公元前三千纪晚期生活在英格兰南部的人拍下了一张小小的快照。考古学就是集合起来的这类小快照，一些聚焦清晰，大部分非常模糊。现在，让我们后退几千年，将镜头拉远以便收入更多空间和时间，看看石器时代社会发生的变化。这一变化在制作钟形杯的人出现后达到顶峰。3

冰川退去后

约 1 万年前，覆盖北欧大片地区的冰原退回到斯堪的纳维亚北部。在不久前还覆盖着冰和苔原的地区，森林如雨后春笋般冒出来。冰川给这片地区点缀上片片湖泊，河流蚀刻出新的水道，流向大海。新生的森林里到处是猎物和可食用的植物。江河湖海里满是鱼和其他水生动物，还引来了大批水鸟。巨大的海豹群在北欧沿海冒出来。以打猎、采集和捕鱼为生的石器时代的人很快认识到这些丰富资源带来的机会。

---

[1] ritual landscape，大片广阔的考古区域。这些地方在石器时代和青铜时代早期似乎被用于仪式目的。

北欧的海岸线还在变化中，猎人还可以从丹麦走到英格兰。然而，爱尔兰在冰川退却后不久就与大陆分开，这就是那里没有蛇的原因。波罗的海一开始是由一座退却的冰川提供水源的淡水湖，但上升的全球海平面最终越过丹麦和瑞典间的陆桥。北海[1]盆地最终也被淹没。尽管直到今天，从冰盖重负下解脱出来的斯堪的纳维亚一些部分还在继续向北移动，导致了海岸线的进一步变化，但到约 7500 年前，欧洲海岸线看上去与现代非常相像。

欧洲温带地区后冰川时代的狩猎采集部落改变了他们的技术来适应新的环境条件。技术的改进包括使用新型石头工具，装入木头或鹿角手柄后，这些工具可以更高效地利用燧石资源。此时鹿角还没用于制作鱼叉。一种巧妙好用的鱼叉被称作 "Leister"。Leister 是一种复合工具，由绑在木柄上的两只弯曲有倒钩的鹿角和一根骨或木头尖端组成。对着从清澈的水里看到的鱼背扎下后，两只鹿角会夹住鱼两侧，尖端会将鱼固定，时间长到足以将鱼从水里捞出来。将材料结合起来做成复合工具，如燧石与木头的结合，代表了石器时代的一次重大技术进步。

---

[１] North Sea，英国东海岸附近的大西洋海域。

图 5   躺在丹麦罗纳斯森林（Ronæs Skov）海床上的一只石器时代独木舟的船底

　　熟练使用木材是石器时代社会的标志性特征。许多木材被用于制作捕鱼装备。鱼（尤其是鳗鱼）游进去就逃不出的圆锥形罗网用柳条、桦木或榛树枝制成。浅水海湾里到处竖着木桩和树枝搭的鱼梁。鱼在涨潮时游过鱼梁，落潮时被困住，人们将其捉走。这类设施使大规模捕鱼成为可能。这些活动需要财产和所有权的概念，因为如果别人可以随便拿走捕到的鱼，没人会投入时间来建造和维护这些设施。在水量丰沛的北欧地区，石器时代的人将小溪、河流、湖泊和平静的海区当成渔猎区域，也看作迁徙路线，这样他们就可以占据有利位置，从环境中取得最大收获。他们发明出新的水运工具，以及使用它们所需的设备。在考古记录中，树干做成的独木舟出现在公元前 8000 年左右，这些独木舟通常位于被水淹没的遗址中，如沼泽、湖岸和浅水海湾。与独木舟一起被发现的还有木桨。丹麦的曲布林湾（Tybrind Vig）遗址出土了十来把主要由桦木制成的桨[4]，其中一部分木桨上还有雕刻、烙印和绘画，这表明拥有者不仅将它们看成工具，还看成一种艺术表现的媒介。

水运工具及其相关技术的发展使狩猎采集者既可以远离家园，同时又能保留他们的居住地，无须经常搬家，甚至可能一整年都不用挪窝。这样他们就可以使用大型固定结构，如鱼梁，而不用带着装备到处跑。一个称作"家"的地方的概念取代了区域或活动区域的概念。在这类地方，如丹麦沿海的"贝冢"（kitchen midden），很重的使用痕迹可能是定居社会留下的。

与特定地区联系的另一个迹象，是墓地在公元前六千纪到公元前五千纪的出现，如在瑞典的斯凯特霍尔姆（Skateholm）、拉脱维亚的兹韦涅基（Zvejnieki）和俄罗斯的奥列尼奥斯托夫斯基·莫吉尼克（Oleneostrovskii Mogilnik）发现的墓地。死人的埋葬毫不马虎。许多尸体上洒着红赭石（氧化铁），墓里常会放上鹿角和燧石工具。在斯凯特霍尔姆，狗葬得和人一样细致。[5]这说明了它们作为伙伴和向导的重要性。

北欧后冰川时代的猎人、渔夫和采集者适应了新的环境条件，发展出新的社会秩序，从这些方面，我们看到了他们的创造性。他们的生活方式相当成功。鹿、野猪、鱼和榛实是可靠的食物来源。实际上，在北欧和西欧许多地方，石器时代社会之所以推迟采用农耕生产方式，来自森林和海洋的丰富资源也许是一个促成因素。

图6　法国布列塔尼特维耶克岛（Téviec）的两名石器时代年轻女性的墓葬还原，可见贝壳项链和鹿角

森林里的农夫

　　与冰川在北欧的消失大约同一时期，近东的史前社会开始大规模收获某些植物物种，控制某些动物。约 1.1 万年前，选择动植物（如绵羊、山羊、小麦、大麦）的有益特性的做法开始出现在黎凡特（Levant）及土耳其和叙利亚的一些小山上的考古记录中。[6] 之后，牛、猪、小扁豆和豌豆也被驯化。这些动植物构成了可被称作最早的旧世界农业"创始牲畜"（founder livestock）和"创始农作物"（founder crops）的物种。从这一核心区域，驯化的动植物以及对人类社会变革欣然接受的精神向外传播到北非、西南亚和欧洲。

　　约 9000 年前，即公元前 7000 年之后，从安纳托利亚[1]到希腊，农业开始向欧洲传播。[7] 早期欧洲农民用到的所有重要植物和动物都是在近东首先驯化出来的。某些情况下，农业社会迁徙定居到新的肥沃土地上，而在其他地方，狩猎采集部落选择定居下来，接受了农作物和牲畜。驯化动物的骨头、烧焦的谷物和独特陶器的出现，使我们可以从希腊开始追踪农业和农民向北、向西的传播。到公元前 6000 年，意大利和多瑙河河谷出现了农业社会。1000 年后，他们到达了大西洋沿岸和英吉利海峡。

――――――――――

[1]　Anatolia，亚洲西端半岛，被黑海、爱琴海和地中海包围，构成土耳其国土的大部分。

在我们称作蛮族世界的地区内，第一批农民定居在中欧多瑙河、莱茵河、易北河和维斯瓦河（Vistula）这类大河流域的肥沃土地上。他们制作独特的雕刻陶器，他们的聚落留下了大型木屋的痕迹，其中一些木屋甚至超过了 21 米（70 英尺）长。这些长屋是 7000 年前世界上最大的独立建筑。[8] 这里的居民种植小麦、大麦和豌豆；不同于以绵羊和山羊为主要牲畜的希腊和巴尔干地区（Balkans）的早期农民，他们主要养殖牛。对陶器的化学分析表明，这些牛既用于挤奶，也作为肉食。不过也不是一切都那么美好，德国塔尔海姆（Talheim）和舍内克—基里安施塔藤（Schöneck-Kilian-städten）的大屠杀证据指出了早期农民暴力的一面。[9]

公元前 5000 年，生活在北欧沿海的狩猎采集部落拥有丰富的资源，并没有立即发现农业有多大的吸引力。渔猎采集所得超过了他们的需要。之后近 1000 年，他们继续着自己的生活方式。但到了约公元前 4000 年，某种原因导致他们接受了驯化植物和动物。这一转变在斯堪的纳维亚和不列颠群岛发生的原因尚不清楚。什么因素扰乱了狩猎采集经济？也许是气候变化或乳品制作之类的新技术，这些最终导致农业生产方式在西北欧得到采用。到公元前 3000 年，农业已经出现在北至设得兰群岛（Shetland Islands）和早期小麦生长期极限的地方。类似的改变也发生在中欧阿尔卑斯山地区，从公元前 4000 年之前开始，农业社会在瑞士和邻近的德国、法国、奥地利和意大利部分地区的湖盆沿岸建立起来。下面将要述及的"瑞士湖上史前木桩屋"（Swiss Lake Dwellings）的故事是对考古学历史和现代分析方法的一例个案研究。

图 7　沙兰湖（Lac de Chalain）西岸（FR-39-02）的原始木桩建筑，背景是还原的石器时代住屋

阿尔卑斯山脚湖景

寒冷干燥的 1853—1854 年冬季，苏黎世（Zürich）附近的湖泊水位下降。湖水退去后露出一层黑色沉积物，一排排木桩从中"伸"出来。这片沉积层中有动物骨头、鹿角、陶器，以及用木头、

骨、鹿角和燧石制作的物品。因为一名当地学校的老师收集古董，居民将消息告诉了他，他转而通知了苏黎世古董学会（Antiquarian Society）的费迪南德·凯勒（1800—1881）。[10]

凯勒意识到，那些木桩是一些建筑的一部分，那些物品是史前聚落的遗迹。不同于干地遗址，淹没在苏黎世的湖水下的发现保存得极好，里面有皮革和纺织品、种子和果实。它们被淹没这一点也不同寻常。这些无疑是史前遗址，但"年代多久"的问题就不那么容易回答了。凯勒首先将他们归于"凯尔特人"（Celts），由此开启了公众对"瑞士湖上史前木桩屋"的强烈兴趣。

因为木桩从湖底泥泞里伸出来，凯勒认为那些屋子建在水中的平台上，用跳板连接湖岸，居民直接将垃圾扔进湖里。他称它们为"木桩屋"，德语叫作"Pfahlbauten"。我们不确定他从哪里得到的这个概念，但约在同一时期，旅行者报告说在马来亚和东印度群岛（East Indies）的湖上看到了木桩屋。他也许还听说过名为"Crannogs"[1]的建在湖中人工岛上的爱尔兰和英格兰遗址。

史前居民住在平台上的浪漫景象激发了公众的想象力，考古学家也接受了这样的概念。画作和模型描绘了不切实际的木桩屋和过着田园生活的快乐居民。时间一长，大家明白了这些遗址上的居民

---

[1] Crannog，苏格兰或爱尔兰建于湖泊或沼泽地上的设防的古老住宅。

是农民，因为那些沉积物里有驯化动物的骨头，还有植物和许多野生物种，但大部分沉积物里没有金属物品。木制物品包括镐、锄、镰刀、斧柄和箭。渔网、篮子、绳索和纺织品则用植物和动物纤维制成。

19 世纪末 20 世纪初，更多淹在水下的聚落在阿尔卑斯山麓小丘一带出土。早期的发掘技术很粗糙，但更精良的方法和对多少世纪来湖水水位变化的更深刻了解使人们重新评价房子建在开阔水面的平台上这一观点。考古学家在这些木桩间辨认出火塘和地面的痕迹。到 20 世纪中叶，木头人工岛的观点被丢弃，考古学家接受了这些居住点建在湖边的观点。因为地面潮湿松软，为了防止建筑沉陷，组成结构成分的木桩打得很深。随着湖面上升，木桩底部和丢弃的生活垃圾被水覆盖而得以保存下来。

因为新的发掘和分析方法及新遗址的不断发现，史前木桩屋成为当前研究的一个重要领域。阿尔邦布莱歇 3 号遗址淹没在博登湖南岸一块浅水湾里。根据木材的年轮，我们知道这个湖畔聚落在公元前 3384 — 前 3370 年有人居住。[11]27 所房子里的居民种植小麦、大麦、豌豆、亚麻和罂粟，收集接骨木浆果和榛实。他们养殖猪、绵羊和牛，猎捕鹿、野猪和各种各样的鱼。阿尔邦布莱歇 3 号遗址的一座普通住房大小约 4 米 × 8 米（13 英尺 × 26 英尺），墙用树枝夹成，涂着黏土，封以苔藓。约公元前 3370 年，一场大火席卷了该聚落，并且因为上升的湖面，它没有重建。在阿尔邦布莱歇3号遗址这样一个很好的例子里，良好的保存、现代分析方法和用年轮准确测定发现物年代的能力的结合推动了我们对早期欧洲农民的了解。

车　辆

石器时代的穴居人将一块石头凿成车轮，这一景象是漫画家虚构出来的。实际上，轮子和有轮车辆是公元前4000—前3500年发明出来的，相当多的证据能证明它们在中欧和北欧的早期应用。用上轮子前，找到东西来拉车必不可少，而牛在牵引上的应用始于公元前五千纪晚期。大型驯化动物的力量可为人所用的认识是一个与农业本身同样意义重大的发展。

早期车轮的证据以三种形式出现：保存在水淹埋藏物里的实际木头车轮；轮和车的模型或描绘；车辆多次通过轧出的车辙。[12] 欧洲阿尔卑斯山地区淹没在水下的湖上木桩屋遗址出土了近两打保存下来的车轮，其时间可追溯到公元前四千纪和公元前三千纪。大部分轮子由三块木板（通常是枫木）组成，紧紧嵌在横跨连接处的狭槽里的木条（通常是榉木）将木板连为一体。陶器和模型对车的描绘发现于稍偏东的位置。出自波兰布罗诺齐泽（Bronocice）的一只约公元前 3500 年的容器上绘着一辆四轮车的示意图，布达考拉斯（Budakalász）等匈牙利遗址上则出土了几只陶制车模型。一对铜牛在波兰贝滕（Bytyń）出土，可惜没有准确日期，但可能来自公元前三千纪。最后，被解释为由古代车辆轧出的车辙在德国北部弗林特贝克（Flintbek）被发现。

车辆的发明对早期农业社会的生活具有重大影响。役畜——用于拉动重物——成为重大投资，相比之下，拥有役畜的家庭要富裕得多。一开始，车辆也许简化了住家附近的生活，使一个家庭可以更轻松地从地里运回收获的庄稼，从林子里运回柴火。最终，它们被用于长途旅行。

铜的冶炼

石器时代的农民开采和熔化铜来制作工艺品和工具的做法源自公元前六千纪的巴尔干地区，但在中欧其他地区大张旗鼓地这样做却是始于公元前四千纪。冶炼铜需要达到很高的温度。纯铜在 1981 华氏度（1083 摄氏度）熔化，要达到这样的高温需要有足够先进的制陶技术。铜矿石加热到熔点时，铜就从杂质中分离出来。分离出来的铜可以敲打成铜条和铜片，石器时代的人用它们制成各种工艺品，如珠链、手镯和吊坠，它也可以用模子浇铸后制成更大的物品，如斧头。

孔雀石和蓝铜矿这类铜矿石只出现在特定地区。[13] 在北欧，研究得最为透彻的矿石资源出现在阿尔卑斯山东部、德国中部的哈茨山脉（Harz Mountains）、威尔士北部和爱尔兰西南部。矿坑挖在山侧，开采者加热矿层，再浇上冷水使岩石裂开。这样开采出来后熔化的铜又转到金属工匠手中，后者将它打造成装饰品和工具。

铜有个重大缺陷——非常柔软，除非加入锡或砷炼成青铜合金。铜锥和铜针一扎就弯，铜刀和铜斧如果真正用于砍切，寿命也会很有限。出于这个原因，刚打出闪亮耀眼的铜时，它主要被用于制作装饰品，供佩戴者炫耀自己得到奇异材料的能力。功能有限的铜制工具作为地位的标志也许比拿来砍树更有价值。然而铜的好处是它可以熔化后重复利用，因此对于希望得到实实在在有价物品的石器时代的农民来说，它是一种很耐久的材料。

冰人的故事

1991年9月，两名德国远足者走在奥地利与意大利边境的阿尔卑斯山上。他们的一个可怕发现改变了我们对公元前四千纪期间史前欧洲生活的认知。从一条半融化的冰沟中，他们发现了一具男尸的头和躯干。如今，出世29年后，这具被称为冰人的干尸还在

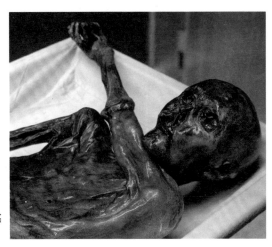

图 8　名为冰人的著名
冰冻干尸

向科学家提供关于他的生活和时代的新证据。[14]

　　虽然对发现做出反应的人简单处理了尸体，但直至它被运到奥地利的因斯布鲁克（Innsbruck）以及发现地经过法医查勘之后，人们才开始认识到冰人可能是史前人物。与尸体一同发现的物品包括木、皮革、燧石和草制品，还有一把金属斧头。根据斧头形状，人们一开始认为干尸有 4000 年左右。即使这样估算，这个年代也已经非常久远了，因此考古学家设法保存它，并将样品送去做碳—14 年代测定。

　　放射碳测定的年代引发了一场轰动。所有信息都指向一个约公元前 3300 年的时期。而且，对斧头的冶金学检测表明它是纯铜，与碳—14 年代测定指出的年代一致。据此，冰人原来是生活在公元前四千纪的石器时代居民,那时候,铜才刚刚在南欧开始应用。冰沟里发现的其他物品原来是冰人携带或穿戴的,大部分是考古学家之前见所未见的。冰人本身提出了许多问题:他从哪里来? 到哪里去? 为什么爬到高高的阿尔卑斯山上? 他怎么死的?

冰人年代的确定被媒体大范围报道,这具 5300 岁的干尸成了明星。因为发现于奥茨塔尔冰川(Ötztaler glacier)附近,德语媒体称他为奥茨,不过考古学家依然称他为冰人。因为边境标记不清,他的实际出世地大约在意大利一侧。一段时间过后,这一点得到了确认。因此在因斯布鲁克经过一番研究后,冰人及其物品被还给意大利,安放在博尔扎诺(Bolzano)的一家博物馆。[15]

关于冰人本身的细节很快浮现出来。他个子不高,约 160 厘米(5 英尺 3 英寸),体重约 50 千克(110 磅),但超过 40 岁的年纪在他那个年代相对算高龄。他的背上、膝部、脚踝和左腕有文身,是用木炭擦进小切口形成的:切口愈合后,炭灰就留在皮肤下。文身是一组组短线条,在膝盖上,线条形成了一个十字。虽然他的牙齿磨秃了,但没有龋齿。不过冰人的一生非常艰辛。数块骨头曾经折断又愈合。他还有关节炎,脚趾多次冻伤。因为终生吸入烟雾,他的肺被熏黑了,动脉还有梗阻。最近,冰人胃里被识别出有导致胃炎的幽门螺杆菌。[16]

冰人的消化系统内容物里检出肉食和小麦以及其他植物的混合

物。[17] 小麦清楚地指出他来自一个农业社会,但肉食却来自马鹿和野山羊而非驯化物种。他的最后一餐吃了野山羊,死前不超过一小时吃的。冰人消化道里有榛子、白桦、松树、角树等的花粉。角树生长在阿尔卑斯山以南,因此冰人死前显然去过意大利北部的一条山谷。另外,角树花粉的存在指出了冰人死时的季节,因为这种树在春天开花。

冰人出世之前,考古学家对石器时代人的衣着毫无概念。冰人穿着御寒的衣服。他的帽子和鞋底用熊的皮毛制成。外套、裹腿和缠腰带是山羊皮的,鹿皮被用于制作鞋的上面部分。他的皮带和小袋子由小牛皮制成。最不寻常的发现是冰人穿着一件无袖斗篷。它用草绳绑在一起的一束束阿尔卑斯山的草制成,穿在其他衣服外面,大概可以保温挡雨。

每件衣服都有一些不寻常的特征。外套由缝在一起的小块羊皮制成,裹腿上系着一条防止向上滑的鹿皮带。捆住缠腰带的小牛皮皮带长达约 2 米（6.5 英尺）,因此它肯定在冰人身上绕了至少两道。他的熊皮帽有两根系到下巴下的皮条。鞋子结构复杂,由一只椭圆形皮革鞋底、一片用草缠成的围在脚上的网、那片网固定住的草制保温层和一块盖住脚面的鹿皮组成。它们也许不那么容易穿上脚,但看上去很暖和。

冰人带着很多装备。他的铜斧安在一只紫杉树枝制成的柄上,柄长约 60 厘米（2 英尺），一段较短的枝杈从一端延伸出来。枝杈被劈开，夹住了斧身。斧身用桦树脂固定住，再紧紧包上皮条。冰人还带着一把紫杉木弓。很奇怪的，弓还没做好。一只岩羚羊皮做的箭袋里装着 14 支用一种名为荚蒾的结实木头做成的箭，其中只有两把装上了箭镞。冰人似乎背着一只覆着皮革的榛木框架的背包，不过它过于支离破碎，难以还原。

图 9　冰人的铜斧身

冰人的死曾是一个受到疯狂关注的话题。最初的假设是他遭遇一场暴风雪，被冻死了。被发现十年后，对他左肩的 CT 扫描发现了一支小小的燧石箭头。之前因为被他的肩胛骨挡住，X 光透视没看到。[18] 一个细小的未愈合的穿入伤口表明了中箭的位置。箭撕破了他的锁骨下动脉，导致大出血和最后的心脏停搏。

谁射死了冰人？根据对他肠内花粉的研究，生命最后两天，他先是在一块有松树和云杉的林区。接着他下到一条生长着角树的山谷里。死前几个小时，他再次艰难地向上爬，穿过那片松树和云杉林，接着越过了林木线，在那里吃下最后一餐，然后被射死。他是不是正被人追杀？如果是，他为什么停下来吃饭？是不是有人在那里伏击他？如果是那样，为什么他们没拿走他宝贵的铜斧？他是因为一项罪行遭到报复杀害，还是遭到仇杀？

提出所有这些问题的动因是一个事实，即我们对冰人的了解远远超过对当时的任何一个人，并且这些细节让我们得以围绕他编出一个故事。他的死反映了石器时代社会特有的暴力，但是如他的铜斧和紫杉木弓指出的，他生活在一个技术先进的世界。注意他用于制作装备的木头和制作穿戴的动物种类的无比多样性。冰人的文身传递出他所在社会其他人的信息。他灵活敏捷，习惯于在阿尔卑斯山的山谷、山麓丘陵和山峰间游荡。多亏了冰人，我们现在可以管窥陶瓷碎片、燧石工具和早期金属物品背后的人。

石头作证

冰人在阿尔卑斯山奔波殒命、德国南部和瑞士的人修建湖畔居住区之际，北欧和西欧的居民竖起了巨石墓葬。这些石头被垂直安放，形成走廊和石室，上盖以平坦的石头，最后整个结构覆上一座泥土和石头堆成的小丘。这些建筑被称为通道墓（passage grave）和石板墓（dolmen），两种都属于"有室墓"（chambered tomb），它们又与竖立的石头一起构成巨石遗迹或史前巨石（megalith，源自希腊语的"巨石"）范畴。它们是公元前四千纪和公元前三千纪的北欧和西欧蛮族世界最明显的痕迹。[19]

就巨石遗迹而言，西北欧几个地区特别显眼，尽管许多在过去五个千年里遭到损毁。在爱尔兰，通道墓聚集成数个名为巨石墓地的墓群，其他则坐落在孤立的山顶。布列塔尼是巨石天堂，拥有复杂的通道墓和名为史前巨石柱的立石。远在北方的奥克尼群岛上点缀着通道墓和石圈。丹麦和瑞典也有通道墓和石板墓建筑，而在荷兰和德国北部各地，名为"Hunebedden"（石板墓）的巨大坟墓出现在森林和沙地区域。石板墓则出现在向南远至西班牙和葡萄牙的大西洋沿岸。

爱尔兰墓地

有室墓在爱尔兰各地都有发现，但四个通道墓群在其中脱颖而出。在斯莱戈（Sligo）附近的卡罗莫尔（Carrowmore），一座巨石墓坐落在诺克纳瑞尔山（Knocknarea Mountain）山顶的一座巨大通道墓附近。从诺克纳瑞尔山另一面望出去就是波涛汹涌的大西洋。在东南方约 30 千米（19 英里）的卡罗基尔（Carrowkeel），几座山峰上覆盖着小的坟墓。在卡罗基尔以东 75 千米（47 英里），超过 30 座通道墓点缀在拉夫克鲁（Loughcrew）的几座小山顶上。最后，再往东 50 千米（30 英里）坐落着著名的博因河谷（Boyne Valley）通道墓群，包括距爱尔兰东海岸仅几千米的纽格兰奇墓。这四座大型巨石墓地串成自西向东横跨爱尔兰的条形地带，所有墓地都建于公元前四千纪下半叶。[20]

博因河谷墓群是最著名的爱尔兰通道墓遗迹。[21] 在爱尔兰语称作"Brú na Bóinne"的一处博因河河曲，诺斯墓（Knowth）、道斯墓（Dowth）和纽格兰奇墓构成了公元前 3200 年左右一派兴旺的一个巨大墓葬和仪式综合体的焦点。三座坟墓中，纽格兰奇墓是最著名的，这不仅缘于它的规模和结构，还因为在冬至这天，初升的太阳直接顺着通道照进中央墓室。纽格兰奇墓是一座直径 85 米（280 英尺）、高 11 米（36 英尺）的圆丘，围着 97 块巨石，一些石头上装饰着雕刻的涡纹。根据对散落在坟墓入口的石头解读，纽格兰奇墓南侧正面于 20 世纪 80 年代重建为一道由明亮的白色石英和灰色花岗岩石块构成的墙。结果，这使它看上去与其他通道墓大不相同，这次明显荒谬的重建广受批评。然而，不管它反映了史前现实还是某个考古学家的想象，纽格兰奇墓的现代外观已经在公众对它应该像什么样子的理解中定了型。[22]

进入这座坟墓，沿着通道半爬半蹲着走进去，通过名为直立石（orthostat）的平均高 1.5 米（5 英尺）的石头，游客就进入了约 5.2 米 × 6.6 米（17 英尺 × 22 英尺）的墓室。这里可容人站立。仰起头，你可以看到承材支撑的墓室顶，一层层石头逐渐垒向中央，直到墓室顶在离底面约 6 米（20 英尺）处会合。从主墓室向旁边开出的小墓室构成一个十字形平面图。

我们对墓室里有些什么知道得不多。最晚从 1699 年起，不速之客就进入了纽格兰奇墓，这些石头间只有少数焚化的遗骨留存到现代。根据我们对塔拉（Tara）的人质冢（Mound of the Hostages）这类未受侵扰的爱尔兰通道墓的了解[23]，纽格兰奇的墓室和侧室也许包含着火化的遗骨，因为在石器时代的爱尔兰，火化是那时的丧葬传统；遗骨之外可能还有各式陶器和动物骨做的名为"蘑菇头大头针"的神秘物品。

纽格兰奇墓最重要的特征是位置和朝向。不管有没有闪亮的门面，它高居山顶，老远就能看到。我们可以假定它是公共仪式和丧葬活动的中心。它的入口朝向使太阳在冬至这天可直接照进墓道，显然这是刻意为之的。12 月 19 日到 23 日，从黎明开始，持续约 17 分钟，一束阳光射过入口上方的一个开口，沿着墓道地面一直照进墓室。石器时代的建设者肯定在前一年就确定了这样的排列，做好了标记，之后有意识地将它融入坟墓的设计中。

　　爱尔兰通道墓另一个不同寻常的特征是一种装饰风格的出现，其做法是在石头上雕琢出曲线、锯齿线和螺旋线的图案，尤以螺旋

图 10　纽格兰奇墓和还原的荒谬的石英门面

图 11 纽格兰奇墓入口，图中可见雕刻的入口石和上方的开口，冬至这天的太阳就从这个开口照进去

线为多。这就是著名的"巨石艺术风格"。当前，从爱尔兰糖包装到《大河之舞》（*Riverdance*）的布景，"凯尔特"精神正在一切事物上复兴，我们可以从这种复兴中看到这一风格。螺旋线最为常见。虽然围绕着诺斯墓丘的镶边石拥有爱尔兰最大的巨石艺术集合，但纽格兰奇墓华丽的入口石也许是这种抽象装饰风格最令人难忘的例子。

石器时代的巅峰

史前欧洲最具标志性的遗址也许位于英格兰南部的索尔兹伯里平原。巨石阵广泛出现在绘画、电影[24]、文学和公众的想象中。在以游客视角拍摄的巨石照片上，它显得高大雄伟，在某种程度上也是这样。一些人觉得有文字记录前的民族是野人，这些石头用石器时代的技术竖起来这一点让那些人大惑不解。巨石阵远看依然突出，但通过 A303 公路一段较高路面的游客得出的第一印象，坐落在更广阔背景下的它真的很小很小。

周边地形是巨石阵故事的一个关键部分。它的巨大石头只能作为一片广袤的仪式地带的一部分来理解。这个地带从各个方向向外延伸，一直延伸向巨石阵坐落的浅盆地边缘和附近的埃文河（river Avon）。对巨石阵环境的这一理解来自考古学的深入研究，这样的研究在 20 世纪 90 年代不断扩大并一直持续至今。几乎每年都有人公布新的发现，因此任何一两年之前写下的材料本身就不够全面。[25]

巨石阵的名字来自一个意为"hanging"（绞死）的古英语词根，也许那是因为它像个绞刑架。[26] 整个史前时代晚期和中世纪时期，它一直摆在那里，但没有记录表明公元前 1500 年左右之后，它还是一个有重要意义的仪式举办地。17 世纪和 18 世纪的古董研究者，如约翰·奥布里（John Aubrey）和威廉·斯蒂克利（William Stukeley），重新发现了它，并把它写进他们对早期布立吞人[1] 的描述中。地平线上站立着摇摇欲坠的巨石的形象让人浮想联翩，成为约翰·康斯太勃尔（John Constable）这样的 19 世纪艺术家最喜欢的主题。现在，每到夏至，巨石阵都会成为新闻话题，新时代精神的拥护者会在这一天日出时聚集到那里。

今天在巨石阵看到的大石头竖立于公元前三千纪下半叶，但必须明白，这处遗迹在公元前 3000 年之后这段时期有一个前身。一道直径约 100 米（328 英尺）的环形壕沟和内堤就建于那个时期。[27] 围在这个圈内部的白垩地层上被挖了 56 个洞。这些洞被称为"奥布里洞"（Aubrey Hole），以 17 世纪时发现它们的古董研究者约

---

[1] Briton，2000 年前罗马人入侵时不列颠南部的凯尔特人。

翰·奥布里命名。几个世纪以来，它们一直是个谜，但最近的研究表明，它们是小的竖石的基脚。这些名为"粒玄岩块"（bluestone）的石头来自 160 — 240 千米（100 — 150 英里）外的威尔士普雷塞利（Presceli）山区。因此，第一代巨石阵虽然能在不列颠群岛其他地方的石圈中找到对应物，但它看上去不太像今天同一地址的那处遗迹。最近的研究揭示出第一代巨石阵发挥墓地功能的程度。[28]考古学家从它的内部发掘出超过 60 人的焚化遗骸。虽然将粒玄岩块从威尔士运来所需的人工清楚地表明该地与远方一个地点的联系，但我们还不知道他们为什么有资格葬在一个大石圈和壕沟圈占的地方。这些火化的遗骸是公元前三千纪上半叶葬下的，不过我们尚不清楚这是零散的还是连续的丧葬活动。

最初的巨石阵建立约 500 年后，大的扩张和重建于公元前 2620 — 前 2480 年进行。首先竖起的是五座庞大的"巨石牌坊"组成的马蹄形图案。巨石牌坊由两块竖起的石头和一道横梁构成。竖起这些牌坊的每一个步骤都是技术上的巨大挑战。第一，名为"砂石漂砾"的竖石需要从一处露出地表的岩层开采出来，开采地点也许在北部的埃夫伯里（Avebury）附近。第二，它们被雕琢成长方体形状，其中一端还伸出一块榫头。第三，还需要将它们运到巨石阵，那里已经给它们挖好了坑。石头很可能太重，没法直接用滚木在松软的地面滚动，因此，运输者很可能需要打造一座分担负荷的木头平台。平台架在滚木上，滚木在木头轨道上滚动。要拉动它，牛必不可少。第四，它们必须竖着插入坑里，这个步骤非常危险，还得保证它们与地面垂直。第五，下面凿出榫眼的横梁必须举到竖石的高度以上，移过榫头，再下落到位，还需要保证整个建筑的平衡，不会倒塌。

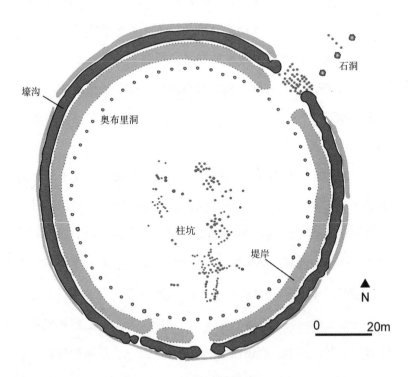

图 12　公元前 3000 年早期的巨石阵第一阶段平面图

　　巨石牌坊安好后，竖的砂石漂砾构成的外圈和连续横梁也立了起来。奥布里洞中的粒玄岩块被重新放置到石阵中央，构成两道砂石漂砾结构内部的第三道圈。在这个建造阶段，巨石阵综合体的其他立石，如定位石（Station Stone）和踵石（Heel Stone），大概也被竖了起来。这一时期，巨石阵继续被用作火化墓地。约一个世纪后，当埃姆斯伯里弓箭手和博斯库姆弓箭手群到达这里时，他们看到了在仪式地带之内发挥作用的巨石阵。

　　公元前三千纪的其余时间里，甚至到进入公元前两千纪初期，对巨石阵的更多改造还在继续进行。这些相对较小的改造插曲发生在周围仪式地带不断改变的背景下，后者又反映了巨石阵在其中发挥作用的社会环境。这带来了巨石阵故事的另一半：因为其他纪念物用木材或后来被移走的石头建造，它的更大范围的仪式地带在很大程度上不为人所知。

　　甚至在第一道堤岸和壕沟存在前，丧葬活动就已经在巨石阵周围开展起来。内瑟雷文·贝克（Netheravon Bake）和埃姆斯伯里42（Amesbury 42）的长坟建于公元前 3600 年左右，与其北面 37 千米（23 英里）的著名西肯·尼特（West Kennet）长坟约在同一时期。2014 年，地理勘测发现了一座甚至更早的、可能也来自公元前四千纪的泥土长坟。它有一个复杂的内部木质结构，入口前有个木结构前院。[29]

　　巨石阵本身的第一批纪念物开始建造前，这个地带的大规模建设就已经在进行。巨石阵以北的两块直线堤岸和壕沟地形被称为大赛道（Greater Cursus）和小赛道（Lesser Cursus），因为它们看上去像古罗马赛道。大赛道约 3 千米（1.9 英里）长，100 米（330 英尺）宽，东西走向，小赛道则是它西北方向一块小一点的地形。最近的地理勘测发现了大赛道内接近两端的两个大坑，每个约 5 米（16 英尺）宽。巨石阵以东约 2 千米（1.25 英里）还竖起一个宽约 10 米（33 英尺）的粒玄岩块小圈。

巨石牌坊和砂石漂砾竖起时，巨石阵仪式地带的大部分建设工作也在进行。两个木圈阵在杜灵顿垣墙（Durrington Walls）东北 3.2 千米（2 英里）拔地而起。其中南面一个更为复杂，从一个简单的木圈开始到六个同心圆，圈内还有可能与巨石阵内的石头对应的图案。杜灵顿垣墙附近是巨木阵（Woodhenge），它也有六个同心椭圆形的木桩设置。其他小圈阵也在附近被发现，地理勘测也不断地有新发现。在许多方面，巨石阵可看成一个大部分用木料建成的更大级别遗迹里的一个以石头为材料的例外。

最近在杜灵顿垣墙的研究还揭示出房屋和垃圾堆形式的人类定居痕迹，时期似乎为公元前 2535 — 前 2475 年。杜灵顿垣墙的房屋不大，呈正方形，每边约 5.25 米（17 英尺），还没有墓葬出土。特别令人感兴趣的是垃圾堆里聚集的大量动物骨头，约有 8 万块。[30] 它们主要由猪骨和牛骨以不同寻常的 9∶1 比例构成。

大部分猪是 9 个月或 15 个月大时宰杀的，因此假设它们在春季出生，宰杀时间就是初夏或冬至左右。根据锶同位素比值，一些牛来自英国其他地区。杜灵顿垣墙的定居痕迹被解释为与庆典相联系的短期居住，表明这些居民是临时访客，并没有形成一个长期定居的社会。

现在，许多考古学家认为，公元前三千纪中期，西面白垩地层高原上的巨石阵和东面埃文河谷的杜灵顿垣墙是一个不断经历改造的复杂仪式地带的重心。这一地带点缀着木圈阵和其他堤岸和壕沟构造。公元前 2480—前 2280 年的某个时期，杜灵顿垣墙的粒玄岩块小圈被拆除，一个壕沟圈在原址上建起，一条通往巨石阵的名为"大道"（Avenue）的道路也修建起来。

两个问题依然存在：这片仪式地带是如何使用的？我们从中看出的与天文有关的排列又有什么作用？文斯·加夫尼（Vince Gaffney）提出，围绕着巨石阵的多个木圈阵的功能是作为某种朝圣路线，朝圣者则从一个圣地走向另一个圣地。[31] 在我看来，也许可以将它比作波兰南部卡尔瓦里亚—泽布日多夫斯卡（Kalwaria Zebrzydowska）的罗马天主教圣所：围绕着一个大教堂的若干小礼拜堂标志出苦路十四处（Stations of the Cross），即耶稣走向钉死他的十字架的那条路。下了火车后，朝圣者一路祈祷着从一座礼拜堂走向另一座，有时候跪着爬上台阶。不管巨石阵的木制圣所是否承担着类似的功能，它们是给来访者提供多种多样机会的一个大型仪式地带的元素，这一点是清楚的。

图13　今天看到的最后阶段巨石阵的经典形象：公元前三千纪下半叶竖起的巨石牌坊和砂石漂砾

　　1965年，天文学家杰拉德·霍金斯（Gerald Hawkins，1928—2003）声称，巨石阵的功能是作为预测太阳和月亮运动的天文台。[32] 他的观点遭到考古学家质疑，但唤起了公众的想象。其间50年里，巨石阵和其他石器时代遗迹与太阳每年运行的联系被记录下来。这些遗迹里最著名的就是前面写到的纽格兰奇墓。[33] 在巨石阵，夏至这天的初升太阳越过踵石，照向对称结构的主轴，与之对应，冬至的落日从另一个方向照来。"大道"上两个新发现的大坑也在夏至这天与踵石联系起来。然而，与其说巨石阵的功能是作为一座天文台或日历本身，倒不如说它更可能表明了天文观测植根在石器时代人的习俗中的程度。他们是热心的天空观测者，天文事件被看成仪式和庆典的理由。

公元前 2000 年的蛮族世界

到公元前 2000 年，定居农业社会已经在阿尔卑斯山以北的欧洲各地建立起来。它们的形式因地区而异：有大有小，有集中有分散；有的在湖岸，有的在高地；有长期的，有临时的。他们依赖的驯化植物和动物在很大程度上是一样的：小麦和大麦作为主粮，豆科作物有豌豆和小扁豆，牛、山羊、绵羊和猪则是主要牲畜物种。牛不光提供肉，还提供牛奶和畜力，绵羊提供了羊毛和羊奶。陶器取代了篮子，人们可以用它储存谷物和液体。

虽然石器时代的人在很大程度上定居下来，但这并不意味着他们完全固守一地。相反，他们四处旅行。水运工具促进了跨越河流、沿低地溪流和横渡受风浪影响小的海峡的旅行。大胆的航海者可以横渡大海。陆地上，连接人口集中地区的路线上被人踏出了大小道路。原料和制成品交易活跃，人们得以交流观点、互相学习。

在有大石头资源的地方，人们首先建造了没有石头结构的长土丘，之后又修建了巨石墓葬和仪式建筑。其中最常见的形式是集中在大西洋沿岸，但在斯堪的纳维亚南部也有分布的通道墓。通道墓采取了多种形式，但中心设计是一个通往墓室的石廊，这一点在所有地区基本类似。排列成直线或圆圈的竖石也是整个地区广泛存在的一种纪念建筑形式。围绕着巨石阵还竖起许多木圈，构成了一块复杂的仪式地带。

公元前五千纪，铜的使用从欧洲东南部逐步扩散，到公元前三千纪末到达北欧和西欧。铜质地柔软，虽然有铜制小刀和斧头，但它最适合制作装饰品。奥茨冰人携带的铜斧和埃姆斯伯里弓箭手的铜刀代表了纯铜在实际用具方面可以达到的极致。然而，要熟练掌握后来的各种金属，对铜的开采和熔炼及浇铸的熟悉必不可少。

第 2 章
联系、仪式和象征

公元前 2500—前 800 年，阿尔卑斯山以北的史前社会在技术方面日趋复杂，因而产生了比石器时代更复杂的社会和经济制度。这一转变始于汤姆森和沃索的三时代体系中的青铜时代。青铜让人得以制造出之前无法想象的工具、武器和装饰品，引发了运输、社会地位和财富方面的剧烈变革。其他新颖的材料和做法也强化了一些人的社会地位，增加了财富。

今天，大部分人对青铜了解不多。这种材料大量应用于制作雕塑、教堂大钟及需要避免腐蚀和火星的特殊场合。然而 4000 年前，它是上佳的工业金属，是实验和欧洲各地金属工匠间传播的知识不断积累的结果。制造青铜器需要关于矿物和温度控制的知识、铸造专业知识和回收利用损坏与磨损产品的能力。因为自然界不存在青铜，它代表了我们今天称作材料科学的最早实例。

青铜：第一种人造金属

青铜是铜和锡（有时用砷或铅）的合金。加入锡后，铜变得更结实，更容易铸造。而且根据所需用途，我们还可以改变锡的含量来改变青铜硬度。例如，加入 10% 的锡可以得到非常硬的适于制造武器的青铜，稍稍中庸一点的含锡 6% 的青铜可以敲成薄片来制造铠甲。因此，金属制品的范围急剧扩大。反映制造者风格偏好的形式和装饰也大量增加。

4000 年前或更久之前制造出的青铜器可以比作 20 世纪 50 年代发明的微芯片。突然之间，人们能够以反映自己的个性和时尚品位的方式制造出他们甚至都不知道自己想要的物品。不同的地区可以制造出独特形式的武器和装饰品，让 4000 年后的考古学家惊喜的是，这些形式还随着偏好变化和技术的发展而改变。青铜还可以与木头之类的传统材料或金银之类的装饰材料结合来制造复合制品。

制造青铜需要铜，而欧洲阿尔卑斯山以北地区有大量的铜。铜罕现于地表，因此为了满足需求，石器时代还相对有限的铜开采开始在工业规模上开展起来。欧洲温带的某些地区成为铜矿开采中心。[1] 在奥地利的阿尔卑斯山地区，萨尔茨堡（Salzburg）以南的米特贝格（Mitterberg）地区崛起为一个大的中心，在许多世纪里每年出产几吨铜。[2] 在这一地区，像克林贝格（Klinglberg）那样专门开采铜的聚落在易守难攻的位置建立起来。在威尔士北部的大奥姆（Great Orme），人们在含矿岩石中挖出矿井和坑道。其他重要铜矿在爱尔兰西南部，如米曾半岛（Mizen peninsula）上的加布里埃尔山（Mount Gabriel）。

不过一个难题依然存在。锡通常不与铜出现在同一个地方。实际上，锡资源可以距离铜矿一段距离并且通常局限在某些地区。在青铜时代，我们知道锡矿在康沃尔（Cornwall）、布列塔尼和西班牙被开采。我们不得不叹服青铜时代的勘探人找到锡资源的能力，以及找到锡矿后建立贸易联系、将铜和锡汇集到中欧和北欧工匠手中的能力。

结果极为有趣。考古发现的青铜制品在欧洲各地的分布反映的是权力和财富的中心而不是原料的分布。例如，围绕着喀尔巴阡盆地（Carpathian Basin）的山上有丰富的铜矿，但附近没有锡，然而，大量出自公元前两千纪的青铜制品却出现在匈牙利、奥地利和周边国家。还有更出人意料的，丹麦当地既没有铜矿，也没有锡矿，但那里每平方千米发现的青铜时代金属也许比阿尔卑斯山以北的任何国家都要多。青铜的众多鲜明特性之一是它适合用模型浇铸，史前工匠在整个公元前两千纪发展出这项专业技能。早期的敞口铸模是用软的石头刻出来的，但这些又被石头和黏土制的两片式铸模所取代。金属工匠学会了在铸模里开出凹槽，并将熔化的青铜从凹槽倒进去，铸模里的空气可以从凹槽逸出，这一点防止了成品中产生气泡。黏土和腊核心使生产空心或有孔的物品成为可能。孔可以用于插柄。铸模也使大规模生产成为可能：石头铸模可以重复使用数十次，黏土可以用一个倒模成形来制造一模一样的复制品。

青铜时代的金属工匠制造的物品种类和数量多得惊人。武器非常抢手，包括匕首、剑、枪头和各种各样的斧头。各个时期的斧头形状变化很大。青铜时代初期，工匠继续制造与之前数个世纪使用的斧头类似的平斧，不过这一次用的是更坚硬的青铜。这就是奥茨冰人一开始被归入青铜时代的原因，因为他的平斧被认为是用青铜而不是纯铜制成的。斧头继续进化成一种名为青铜凿（palstave）的形式，它的斧口与钝端中间有一道脊状突起，这改善了它与一只弧形斧柄的连接。随着时间的推移，其他形式取代了青铜凿，这些斧头末端铸出一道槽。斧柄可以插进槽里，这样砍树或砸头骨时，斧柄不会被震裂。另一种可怕的武器是戟，它的样子像一把匕首垂直系在一支长柄末端。

两件引人注目的青铜时代物品是来自丹麦特伦霍姆（Trund-holm）的太阳战车（Sun Chariot），以及发现于德国东南部的内布拉星象盘（Nebra Disc）。太阳战车是一匹铸造的青铜马，拉着一只青铜盘站在一个四轮平台上。青铜盘直径约 25 厘米（10 英寸），下面另有两只轮子。青铜盘一面镀金，上有雕刻图案。它的年代为公元前两千纪下半叶，大概是制作于中欧某个地方。目前，特伦霍姆太阳战车印在 2009 年发行的 1000 丹麦克朗的钞票上。[3]

内布拉星象盘是非法的金属探测者在一堆青铜物品里找到的，在一次钓鱼执法行动后为考古学家所获。因此它的发现背景远远说不上可靠。不过考古学家普遍认为，内布拉星象盘是真的，年代为公元前两千纪中期。[4]黄金贴花镶嵌在一块直径约 32 厘米（12 英寸）的青铜盘上。它们显然代表了天体，包括太阳、不同状态的月亮和

图 14　丹麦特伦霍姆的青铜和黄金打造的太阳战车

图 15　发现于德国中部的内布拉星象盘

星星，如昴宿星团。内布拉星象盘是蛮族世界的居民对天体运动感兴趣的另一个迹象。

青铜时代的日常生活

虽然出现了冶炼青铜的技术，阿尔卑斯山以北大部分人的生活与上一个千年相比并没有发生多少变化。农业社会使用谷物、豆科植物和牲畜这些主要驯化物种，有肥沃土壤和丰美草场的地方就有繁荣昌盛的农业社会。小麦和大麦可以制成面包、粥和啤酒，是种植最广泛的植物。蚕豆和豌豆这样的豆科植物是谷物的重要补充。不同地区养育的牛、猪、绵羊和山羊的比例各不相同，牛奶和羊毛的重要性不断增加。在许多地区，牲畜群开始构成财富的基础而不仅仅是家庭财产。训练有素的牛或产奶多的奶牛可用于交换商品或租给他人。公元前四千纪在中亚驯化的马什么时候作为骑乘工具进入蛮族世界，这一点人们尚不完全清楚，尽管在沼泽祭祀中发现的马表明，到公元前两千纪末，那里已经有了马。

考古记录揭示出青铜时代欧洲阿尔卑斯山以北地区的房屋和聚落的无比多样性。有一所或多所屋子，可能住着一个或多个家庭的小农庄是普遍形式。它们可能包围在他们的耕地和草场中间。这些小农庄通常散落在各地，而考古学家称作"中心区"的密集聚落则非常罕见。

在丹麦，青铜时代的标准房屋形式是一所长木屋，内部有支撑屋顶的柱子。[5] 有证据表明，丹麦这些房屋内部空间的一部分是给牲畜住的。这一做法在荷兰显得更清楚，那里的标准形式也是长屋，并且清楚地分割成牲畜厩棚和人住的空间。埃尔普（Elp）的农庄遗址在间歇性地废弃后，又被人断断续续住了几个世纪。

中欧的青铜时代聚落差别很大。在摩拉维亚（Moravia）的洛奇奇基（Lovčičky），大量长方形木屋的年代可追溯到公元前两千纪晚期。约在同一时期的巴伐利亚，哈希凯勒（Hascherkeller）的一个聚落由几个以壕沟分界的院子组成。[6] 糊墙的灰泥和解读为地窖的大坑指出了房子的存在，可惜它们的轮廓已经被侵蚀了。在德国南部费德尔（Federsee）湖畔一个名为瓦瑟堡布豪（Wasserburg Buchau）的湿地聚落，两个阶段的青铜器晚期聚落在 20 世纪 20 年代的发掘期间被辨别出来。第一阶段由坐落在一个露天广场四周的 38 所方形房屋组成，房子每条边约 5 米（16 英尺）长。第二阶段由平面图呈 "U" 形的九座大型建筑组成。

不同于荷兰和斯堪的纳维亚南部的长屋，圆屋是青铜时代不列颠群岛的标准房屋形式。一个农庄通常由两到十所树桩或小木头建成的房子聚集而成。有时它们外面围着一道石墙，如达特穆尔（Dartmoor）的肖穆尔（Shaugh Moor）农庄，其中一所建筑里很高的磷酸盐水平表明它是关牲畜的地方。在英格兰南部的布莱克帕奇（Black Patch）和伊特福德山（Itford Hill），一小簇一小簇直径为8—12米（26—40英尺）的圆屋围在篱笆内，构成了一个个院落。

　　青铜时代的聚落发现于不列颠群岛的湿地区域，这有点令人不解，因为这些地方不太适合耕种或畜牧。在爱尔兰奥法利郡（Co. Offaly）的克朗芬洛（Clonfinlough），建在一片沼泽上的四座直径为4—10米（13—33英尺）的木头平台支撑着青铜时代晚期的圆屋。这些平台由步道连接起来，包围在一块椭圆形的尖桩栅栏内。在英格兰东部彼得伯勒（Peterborough）附近的马斯特农场（Must Farm），2015年的发掘显示，两所圆屋建在一条古河道上方或与古河道毗邻的平台上，年代与克朗芬洛的圆屋相仿。[7]也许因为事故和意外，马斯特农场的房子被烧毁，留下了匆忙丢弃的痕迹，甚至木碗里还盛着食物。

青铜时代的航海

　　前面已经提到水运工具在北欧石器时代的重要意义，人类水上活动的能力在青铜时代进一步发展。[8]独木舟在内陆水域继续使用，但主要进步却在航海方面。货物和人员横渡海峡或沿海岸线的运输成为家常便饭。像英吉利海峡或波罗的海岛屿间海域这样的狭窄水体构不成任何障碍。爱尔兰海（Irish Sea）条件险恶，但人们似乎常来常往。航行于北海与爱尔兰和布列塔尼间的大西洋这类广阔海域需要的航海技术在公元前两千纪发展起来。要将不列颠群岛的铜和锡资源与青铜物品的制造者联系起来，再出售制成青铜产品，这样的运输必不可少。

在北欧，我们发现了沉船残骸和被抛弃的船只（其中许多距岸边不远甚至在岸上）；可能是被沉没解体的船只抛弃在海底的货物；围绕在巨石内的石刻、蚀刻和坟墓，这些石头形成了一条船的轮廓。几条年代在公元前 2000—前 800 年的青铜时代船只在不列颠群岛被发现。它们的结构相当一致。橡木先劈成长板，再用凿和斧修成紧密结合的形状。再用紫杉条将这些木板缝在一起。冰人的弓就是用这种结实的木头制作而成。内部骨架强化了船壳。使用缝接的木板，人们可以制作非常大的船。我们没发现桅杆或龙骨的证据，因此推断这些船是用桨划的。

1992 年，英国多佛尔（Dover）附近的道路开挖，人们挖出了一条约公元前 1550 年被抛弃的船的残骸。[9] 还原的部分约 9 米（30 英尺）长，2.5 米（8 英尺）宽，但据估计，它最初可能长达 12 米甚至近 15 米（40—50 英尺）。船体用了六块巨大的雕刻板，船底两块，两面各两块，连接处用额外的橡木条加固，苔藓捻缝。据估计，多佛尔船可容纳 18 名或更多桨手（也许还需要排水的船员），可以将人员、牲畜和货物运过英吉利海峡。

多佛尔海峡（Straits of Dover）是跨越英吉利海峡的商业和旅行的关键点，今天也是如此。大小道路肯定汇聚到它两岸的一小块地区。1974 年，多佛尔附近的兰登湾（Langdon Bay）海底发现了来自法国的逾 400 件用坏的青铜工具和武器。显然这批货物是运到英国回收利用的，但运输它的船沉了。船本身没被发现，也许因为它解体了，但货物落到了海底。

图 16　青铜时代的多佛尔船，发现于 1992 年 9 月的工程建设期间（此为复制品）

在斯堪的纳维亚，航海的主要证据以逾万份有记录的对船只的石刻描绘形式出现（详细讨论见下）。[10] 通常，这些石刻出现在俯视海湾和海口的地方。它们的形式相当统一。两条大致平行的线，代表龙骨的下面一条向上弯曲，在船首和船尾会聚。船尾通常由一个程式化的舵表示。船上的人要么被描绘成钩号，要么被描绘成线条小人。虽然这些船的雕刻十分程式化，公认的观点是它们也代表了木板船。它们包含在具有宇宙哲学意义的作品中，这一点表明航海不仅在经济上，而且在精神上都非常重要。

船在精神方面重要性的另一个标志是石阵的构建。在斯堪的纳维亚部分地区，围着地位高的个人的坟墓摆放石阵的做法始于公元前 1300 年左右，由此开启了一个持续到公元一千纪的长期"船阵"（ship setting）传统。在船形坟墓中，巨大的立石被摆成模仿船的平面和立面轮廓的样子。最高的石头摆在船尾和龙骨位置，最矮的石头摆在船中部。这些船墓里通常葬着一具当属社会地位较高的个人的火化遗骸。大部分墓长度介于 2 米（7 英尺）到 16 米（50 英尺）间，但瑞典哥得兰岛（Gotland）格尼斯韦德（Gnisvärd）出土了一些非常大的船墓。在那里，三条巨大石船排成一线，似乎在列队航行，其中最大的有近 45 米（150 英尺）长。

在欧洲西北部，木板打造的桨船在青铜时代的生活中发挥了重要作用，并且随着造船技术的发展，它们继续在随后的千年里产

图 17　哥得兰岛格尼斯韦德的"船阵"——青铜时代墓葬遗迹

生影响。它们是运输原材料和制成品的重要工具，也让人得以跨越海峡和大海做长途旅行。它们在石刻里的角色和精英坟墓的轮廓表明，随着旅行和仪式频繁地成为蛮族世界的兴趣所在，它们变得多么重要。

青铜时代的丧葬

我们对青铜时代的许多了解来自墓葬。这一事实偏离了我们对青铜时代生活的理解，因为陪葬品通常是奢华昂贵的。别忘了，丧葬仪式主要是演给活人看的。它们可能只是间接反映了逝者的地位。只有从复杂墓葬建筑里的财富极端展示的例子中，我们才能推测逝者拥有高于一个社会大部分成员的地位和权力。然而，许多青铜时代的墓葬含有大量加工精良的金属，包括黄金，以及大量用来源很远的材料制成或需要极高制作技艺的物品，以致它们可以被认为属于精英人物。然而一个主要问题是，这些精英的墓葬是否标志了一个长期持续的社会等级的上升，或者它们是否属于短期的社会实践。

将人葬在墓丘（又叫古坟或古墓）下的做法始于公元前三千纪。青铜时代初期，北欧许多地区延续了这一做法。通常，尸体与陪葬品一起放在一个小坑里，坑上再覆以墓丘。天长日久，某些地区被描述为古坟墓群，如法国东部的阿格诺森林（Haguenau forest）出土了成百上千座古坟。在斯堪的纳维亚南部地形较高的地方，青铜时代的葬丘映衬在天空下。在爱尔兰，巨石传统在名为楔形墓（wedge tomb）的墓室构造中延续，构成墓室顶的石块从一端向另一端倾斜下降。

围绕着巨石阵和杜灵顿垣墙的地区，周边山脊线上的青铜时代早期古坟俯视着这些遗迹。已知约 400 座古坟中，几乎全部的视线都可及巨石阵或者杜灵顿垣墙中的一个。19 世纪，在星期天花上一下午的时间挖掘这些古坟成为一时风尚。尽管这常常只不过是一种盗墓活动，偶尔也有些调查者煞有介事地想在这些墓里有所发现。

1808 年，羊毛商人及业余发掘人威廉·坎宁顿打开了一个墓群中的一座长坟。这个墓群位于巨石阵以南的诺曼顿丘陵（Normanton Down），有约 40 座墓丘。[11] 这个名为灌木古坟的墓丘发掘时的直径约为 36.5 米（120 英尺），高约 3.3 米（10 英尺）。它里面有一副屈膝向左侧卧的男性骨架。两把很大的短剑放在墓里，一把木质剑柄上镶嵌着金线钉，据说来自布列塔尼。摆在尸体旁的是一只用来自德文（Devon）的罕见斑点石制成的狼牙棒头。虽然它的木柄已经腐烂，但骨头雕刻的装饰物保存了下来。墓里出土了三件黄金物品，最不同寻常的是摆在男子胸前的一块装饰着精美锯齿线条的巨大菱形金片。骨架附近的铆钉和青铜碎片是一把匕首的残骸，年代比其他物品早了 200 年，也许是祖先遗物。我们可以有把握地说，灌木古坟墓主以及附近坟丘里的人物，属于社会精英阶层。

精英人物的墓葬还出现在欧洲大陆。洛伊宾根（Leubingen）古坟发掘于 19 世纪，一个约 4 米 × 2.2 米（13 英尺 × 7 英尺）的墓室上盖着橡木制成的斜坡顶。这个木棚下面有两具骨架：一具属于一名年约 50 岁的男子，横放在他身上的是一名年轻些的女性。他的右肩和足部是金饰、青铜工具和武器、石斧和陶器。洛伊宾根古坟和黑尔姆斯多夫（Helmsdorf）的一座类似古坟的年代可追溯到公元前两千纪之初。然而，在这个中欧普通地区的其他地方，标准的丧葬仪式包括将曲膝的尸体放在矩形墓坑里，墓坑聚集成小墓地。洛伊宾根和黑尔姆斯多夫的精英墓葬没有真正的后继者，因此它们似乎不是长期形成的社会等级的基础。

公元前两千纪的丹麦，橡树有各种各样的使用方式。巨大的橡树树干被劈开，掏空，制成棺材。棺材盖形成了一道气密封口，在墓丘内部没抽干的水的帮助下制造出无氧条件。结果，这些棺材内的物品，包括衣服、皮革和死者的毛发，保存得极为良好。[12]

丹麦最著名的青铜时代棺葬是艾特韦（Egtved）的一名 16—18 岁年轻女性的棺材，发现于 1921 年的一次墓丘发掘。棺材衬着牛皮，她身上盖着一条羊毛毯。可惜她的身体只剩下头发、大脑、牙齿、指甲、趾甲和一点皮肤。

艾特韦女孩的服饰最为出名，它们展示了公元前 1370 年的一名时髦年轻女性的穿戴：上身套一件羊毛短上衣，下着一件线编而非纺布的及膝围裙，头发用一条羊毛头带系住。放在她腹部的是一只有尖头的青铜盘，盘直径约 15 厘米（6 英寸），装饰着同轴螺旋纹。棺材里还有一个小包，里面包着一个约六岁孩子的火化遗骸。考虑到艾特韦女孩的年纪，小孩不大可能是她所出，因此她与孩子的关系并不清楚。我们知道她是在夏天下葬的，因为一朵欧蓍草花夹在两半合拢的棺材之间。一个桦皮容器盛着一种用发酵蜂蜜、大麦和越橘等水果制成的饮料的残留。

艾特韦的棺材里的女孩保存相当完好，近来，这一点使研究人员可以应用现代技术来了解更多关于她生活的细节。[13] 与对埃姆斯伯里弓箭手的研究一样，锶同位素比值可用于确定她幼年的生活地点。但因为她的指甲和头发也保存下来，我们有可能还原她生命最后几个月的活动。锶同位素指出，艾特韦女孩出生于距埋葬地几百千米之外。南面约 800 千米（500 英里）的德国东南部黑林山地区有类似的锶同位素比值，因此有效的假设是她来自那一地区。生命的最后几个月，她似乎正常往来于日德兰半岛（Jutland）和黑林山地区。她的头发记录了她最后两年的生活，指甲追踪了她最后六个月的活动。这些显示她到过锶特征与她的故乡类似的地区。她的葬衣里的羊毛也非当地出产。

公元前两千纪后期，蛮族世界许多地方的丧葬仪式从埋葬整个身体向火化转变。在北欧许多地区，火化的遗骨被放入陶瓮，埋在通常包含成百上千个坟墓的巨大墓地里。不同于早期看到的陪葬品的奢华展示，发现于火化墓葬的物品通常是个人装饰品，如青铜饰针和耳环。许多瓮葬上方很有可能都盖着低矮的坟丘，尽管它们一般会被犁耕掉。

在德国西北部明斯特（Münster）附近的泰尔格特（Telgte），一片有 2 公顷（5 英亩）的地块发掘出 131 座火化墓。许多墓围绕在小的壕沟圈内。一些壕沟圈为圆形或椭圆形，但其中 35

图 18　艾特韦女孩穿的羊毛短上衣和线编裙

图 19　丹麦博鲁姆—埃斯霍伊墓（Borum Eshøj）。装着老年男子尸体的橡木棺材，19 世纪画作，作者马格努斯·彼得森（Magnus Petersen）

个呈"钥匙孔"形：圆的一头围绕着墓坑，但围圈通常在一条
西北—东南轴线上从一边向外延伸。一些泰尔格特钥匙孔墓上
方还盖着建筑。这也许是在葬礼期间和之后标志逝者地位的一
种方式。

前面已经介绍了斯堪的纳维亚用立石"船阵"标志火化墓轮廓
的做法。然而一个悬而未决的问题是，这些船阵是要盖上石坟墩或
墓丘，还是本来就是为了公开展示？在瑞典西部的卢纳罗（Lugna-
ro），一个约 8 米（26 英尺）长的船阵上盖着墓丘，里面几只瓮里装
着四个人的火化遗骸。一只瓮里装着人骨和羊骨，一块燎焦但没烧
掉的羊毛布和青铜制成的匕首、镊子和锥子各一。

仪式、水和仪式实施

公元前两千纪，随着精神王国已经牢牢扎根于蛮族世界的传
统，信仰的仪式和联系也愈加复杂。我们已经看到主要墓葬的建
设是如何成为这种活动的一部分，尽管这些坟墓也有意在展示财
富和地位。欧洲青铜时代的仪式生活包括纪念物的持续建设，它
们形成了仪式地带的焦点和大量昂贵制品的埋藏地。这些制品主
要是丢弃在水洼、沼泽和河流等湿地的青铜器。在许多方面，青
铜冶炼技术的出现不仅是一次技术飞跃，还是用来取悦神祇的祭

品奉献的全新媒介。它就像一种会将完好的智能手机投入湖泊的现代迷信。

巨石阵这样的石器时代纪念建筑在公元前两千纪之后仍被继续使用，而且如前所述，成百上千座个人墓葬被添加到周边的仪式地带。木材也继续用于制造木圈阵。在英国东部的滨海霍姆村一片高低潮之间的地带，人们发现了 55 根木柱摆成的椭圆形木圈阵，所用木头砍伐于公元前 2049 年春天和初夏。它被称作海上巨圈阵，似乎是青铜时代早期的仪式建筑。[14] 海上巨圈阵相对较小，约 6.8 米（22 英尺）宽，但它最显眼的元素是圈中央一个底朝天的巨大橡树桩。它砍伐于或死于公元前 2050 年。这个树桩意义何在？海上巨圈阵位于海岸线上又有什么含义？

公元前两千纪期间，似乎蛮族世界的每一块湿地都有成为祭献地的可能。例如，约公元前 1350 年，一座浩大的木质工程在英格兰东部弗拉格低地遗址落成。它位于彼得伯勒附近，距上面提到的新发现的马斯特农场聚落不远。[15] 建设者砍倒至少 8 万棵树，削尖了树干，竖起了很长的五行木桩。它们排起来超过了 1 千米（3000 英尺），穿过一片沼泽，到达一座小的泥岛。这些树里许多是这片湿地环境本来没有的橡树，因此它们得从较远的外地运来。外侧的木桩作为某种保持系统，填在它们间的泥土和木材形成了一条相对干燥的穿过沼泽的道路。年轮年代测定指出，这些树砍伐于公元前 1365 — 前 967 年，表明工程得到逾 400 年的维修与维护。

　　在这片沼泽的最深处，堤道被拓宽，许多木材横置在更多木桩上，形成了一个平台。在这个平台上，有许多木质、陶土和金属物品被故意打破、投进沼泽。出土的金属制品包括剑、斧头、耳环、饰针和胸针。神秘的白色小石头也被收集起来投入沼泽。埋藏的金属物品也出现在堤道旁边，但只在南侧。

图 20　霍姆木圈阵（Holme Timber Circle），又名海上巨圈阵。中央树桩左边的木板来自一艘 19 世纪的沉船

石刻艺术

上一个千年涌现的做法，尤其是巨石墓的装饰，在石刻艺术传统中延续着。青铜时代，这种艺术形式在北欧和西欧部分地区盛行。[16]"石刻艺术"一词名副其实：裸露的岩层装饰着敲打琢磨进光滑岩石表面的人、物和符号形象。具有当地特色的青铜时代石刻艺术主要出现在斯堪的纳维亚和阿尔卑斯南部。

多岩石的布胡斯省（Bohuslän）位于瑞典对着北海的西部海岸。与瑞典中部、南部及挪威邻近地区和丹麦一道，布胡斯省是北欧青铜时代石刻艺术最集中的地区之一。哥德堡（Gothenburg）以北的塔努姆（Tanum）地区是布胡斯省的石刻艺术中心。几百块裸露的岩石上刻着图像，还有数百块埋在苔藓和泥下。光滑平坦的岩石表面成为极好的画布，石匠可以跪或趴在上面工作。青铜时代的艺术家在公元前两千纪创作布胡斯省的雕刻时，这些岩石还靠近海岸线，但到了 21 世纪，它们已经升到海平面以上25—30 米（80—100 英尺），因为 1 万多年前被冰压下去的瑞典半岛之后一直在回升。

许多裸露岩石上展示着复杂的形象，似乎想向我们诉说创作它们的社会的社会和精神生活。载着人的艟艨翘起的船是最常见的形象，这样的记录有成千上万。其他石刻上的人有的拿着武器，有的在吹青铜喇叭，有的在拉犁，有的坐在牛拉的车上，还有的在做爱（许多人物明白无误的是男性）。刻画的动物包括牛、马、鹿、水鸟、狗和狼。抽象的形象包括杯形标记（简单的半球形坑）。太阳和螺旋线、对脚和手的描绘也很常见。

许多斯堪的纳维亚的石刻是有计划地创作，一些则似乎更为随意或经历了添加。作战、仪式、游行、犁地、打猎和航海肯定是青铜时代生活的熟悉场景，但我们不知道这些雕刻试图传递出什么。这些雕刻是开张或庆典这类活动的地点或背景吗？捕捉这些形象有更深刻的宇宙哲学、法术或信仰方面的意义吗？它们如何评论人世与神话神祇世界的关系？或者这些雕刻只是一个青铜时代版的"Pinterest"[1]。

另一个集中了青铜时代石刻艺术的地区位于意大利西北部和法国东南部的阿尔卑斯山西南地区。这里有三个非常突出的遗址：滨海阿尔卑斯山（Maritime Alps）、法国境内的贝戈山（Mont Bego）和意大利伦巴第（Lombardy）的瓦尔卡莫尼卡（Val Camonica）。在这三个地方，以及其他几个重要地点，石刻从青铜时代开始，持续了整个公元前一千纪，但它繁荣昌盛是在青铜时代。

---

[1] Pinterest，图片分享网站。

这里的石头比斯堪的纳维亚的花岗岩质地更软，尖锐的金属或石头工具可以在露出地表的片岩和砂岩上雕琢出成千上万幅图像。在贝戈山，已知的雕刻有近 10 万处，而在瓦尔卡莫尼卡，这一数字超过了 20 万。武器和工具是两地常见的主题，反映出这些对象的实用和象征意义。比较它们与日期确定的考古遗址上发现的实际工具和武器，我们可以确定这些雕刻的年代。贝戈山的雕刻中，另一个常见形象是两头或四头有角的牛拉着犁。在瓦尔卡莫尼卡，一些雕刻似乎绘出了有倾斜屋顶的房子、畜棚或作坊。还有一些则被解读成田野和住处的程式化地图。

图 21　瑞典西南部塔努姆的青铜时代石刻，用红漆突出显示，表现了男性武士在船上作战的场面

蛮族世界的大部分地方都没有幸运地拥有如此可观的裸露岩石供人雕琢。尽管在一些坟墓里，如瑞典南部的希维克（Kivik）[17]，石板上刻着与大石块上同样的装饰，但在大部分地方，我们能看到的也不过是几个杯子标记。至于木头这类易腐烂的材料是如何用于创造人、武器、工具和船只形象的，我们只能自己去想象。透过这些石头上的图像，我们窥到了公元前两千纪根植于人们生活中的仪式化习俗和实施的一角。

爱尔兰的黄金

参观都柏林（Dublin）基尔代尔大街（Kildare Street）上的爱尔兰国家博物馆（National Museum of Ireland）的游客有机会看到来自世界各地的一些最耀眼的史前黄金制品。[18] 尤其令人称奇的是，这些不是来自一个有文字的文明，而是来自公元前 2200—前 800 年的青铜时代的爱尔兰。[19] 令人惊讶的不仅仅是装在博物馆橱里的黄金数量，这些制品的打造中展现的工艺也代表了对一种难以加工的材料的掌握。

在爱尔兰的青铜时代，黄金加工出现了两次高峰，第一次是在石器时代向金属使用转变的初期，第二次是在这一转变末期，铁器出现前夜。公元前 2200—前 1800 年的青铜时代早期，爱尔兰金匠将黄金锤成薄片，再打造成扁平物品。其中最醒目的是新月形项圈（lunulae），之所以这样命名，是因为它们的样子像一弯新月。超过80件这种项圈在爱尔兰被发现。新月的尖端经常以一个角度弯向金片平面，形成一个末端，项圈表面多雕刻着纤细的几何线条。这些雕刻延续了在石器时代陶器或骨头上所见的主题。许多因为被卷过或折过，表面起了波纹。新月形项圈大概是挂在颈下的。其他早期青铜时代的金片形式包括可能佩在衣服上的圆片饰物，以及耳环。

之前长期的观点是，早期爱尔兰黄金的来源是爱尔兰。爱尔兰东部山区的溪流矿床常被认为是可能的来源。但是在2015年，英国南安普敦大学（University of Southampton）的克里斯托弗·斯坦迪什（Christopher Standish）领导的一个研究小组研究了用于制作新月形项圈和圆盘等制品的黄金薄片中的微量元素。[20] 他们意外地发现，这些制品的元素组成与任何已知的爱尔兰黄金资源都不匹配。据此，两个可能浮现出来：第一个是这些黄金来自某个未知的爱尔兰黄金来源或一个已经耗尽的矿藏。更为明显的第二个可能是这些黄金来自其他地方。在斯坦迪什的研究中，英国西南部的康沃尔郡成为一个可能的来源。因此情况似乎是，公元前两千纪，康沃尔郡出产的黄金被运到爱尔兰来换取爱尔兰西南部或其他地方的铜。反过来，这些又提供了与科尼什（Cornish）的锡制成合金和满足英国与其他地区对青铜的需求所需的铜。虽然当地有黄金资源，但青铜时代的精英可以将他们获取远方材料的能力当作声望的标志。他们需要将这种异域材料用到极致，因此它们被打得如纸一般薄。

公元前两千纪后期，爱尔兰的黄金制作陷入衰落，又在约公元前1000年随着新技术的出现再度兴旺。金片此时已经打得很薄很薄，到了称得上是金箔的地步。除金片外，人们还用浇铸、成型和扭曲的黄金制成实心物品。因此它们比早期平面制品呈现出更多三维特征。扭曲黄金制作的名为"torc"[1]的手镯和项圈最为出名，但最有趣的却是一些两端圆溜溜的厚而光滑的弧形物品。人们根据猜测将它们称作"服饰系件"。青铜时代晚期的黄金制品经常发现于埋藏地或储藏地，它们出于仪式原因被放在那里。在克莱尔郡（Co. Clare）穆冈（Mooghaun）一座湖边的湿地里，发现于1854年的一处储藏地中有超过150件黄金制品，主要是手镯，但也有项圈、项链，总重超过了5千克（11磅）。

1932年，年轻的帕特里克·诺兰（Patrick Nolan）正在克莱尔郡一个叫巴伦的地方打猎。那里今天是一派陌生荒凉的石灰岩地貌，但在史前时期，它的植被丰茂得多。[21]一只兔子跑进石灰岩的

---

[1] 古代高卢人、布立吞人等戴的金属饰环、金属项圈、金属颈环。

一条缝隙里。帕特里克望向洞里，没看到兔子，却拖出一只最宽处约 31 厘米（1 英尺）的华丽金项圈。今天，这副我们所称的"格伦宁辛金项圈"（Gleninsheen Gorget）是青铜时代晚期爱尔兰最具标志性的黄金制品之一。与更早的新月形项圈一样，它也由新月形金片制成，只不过沿弧形有厚厚的肋状突起，突起之间用精心锤打出的珠状装饰隔开。格伦宁辛金项圈两端由凹进去的圆形装饰金片构

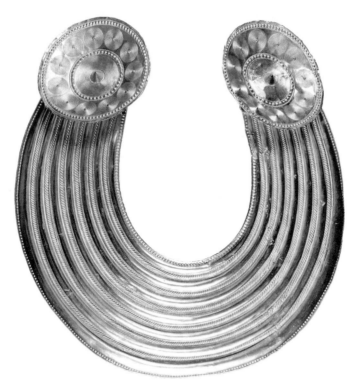

图 22　青铜时代晚期的爱尔兰金器杰作：格伦宁辛金项圈

成，用金线缝在新月形上。与这一副类似的来自格伦宁辛的金项圈是多块金片构成的组合制品，它们的装饰和组装非常注重细节，极具匠心。

在爱尔兰黄金制作的又一次兴盛期，考虑到生产大量饰环、手镯、项圈和其他黄金制品所需的庞大黄金数量，很有可能，产自当地的黄金地位越来越突出。不过，识别黄金来源依然是一项挑战，而从溪流矿床上获得金粒将是一个费时、费力的过程。另一个问题是这种大规模黄金生产在爱尔兰青铜时代社会的财富分配、地位和名望归属方面发挥的作用。这样贵重的物品会是首领间用来巩固联盟的礼物吗？它们为什么又被埋在储藏地或隐藏地？这些和许多关于青铜时代欧洲的问题依然没有答案。

公元前 800 年的蛮族世界

到公元前一千纪之初，因其最终与地中海文明的交流而受到关注的蛮族世界的总体轮廓初步成型。青铜被广泛用于制造武器、工具和装饰品，后者通常做成供显眼展示的庞大样式。爱尔兰加布里埃尔山、威尔士大奥姆和奥地利米特贝格等地的铜矿满足了对原料的需求。金属工匠是以日益精细的形式冶炼、铸造青铜，制造青铜器的大师。另外，在类似爱尔兰这样的特定地区，黄金加工技术尤其先进。

青铜时代的农业使用与之前一样的原始驯化植物和动物，是土地耕作和动物利用的成熟统一的系统。牛被广泛用于犁田和拉车。房屋形式地区间各不相同，但在北欧许多地方，三条走廊的长屋是标准的住家形式。在某些地方，农庄包围在壕沟内，另一些地方则是开放的。

公元前两千纪开始之际，葬在墓丘下的做法是很普遍的埋葬仪式，但到了公元前一千纪初，这种做法只出现在斯堪的纳维亚地区。在丹麦和瑞典南部，巨大的墓丘建在山脊线上。在其他地方，火化再次成为处置尸体的流行方式，火化的遗骨经常装在瓮里，与青铜装饰品一起埋进宽阔平坦的墓地。

蛮族世界的贸易网络四通八达。首先，制作青铜器的锡和铜需要从不同来源运到一处，这经常需要将原料运过水体。损坏、用坏的青铜工具碎片被熔化，重新加工。加工精良的青铜物品经常大量流落到丹麦这类完全没有锡和铜的地方，表明了这些地区居民的获取能力。为了满足材料、产品以及人员的大规模运输需求，造船技术得以发展起来。

最后，前一个千年的一些迹象之后，我们看到仪式和精神生活开始集中到祭祀奉献上，其做法是将昂贵的物品丢入沼泽、池塘、河流等潮湿的地方。弗拉格低地遗址这类地方成为延续几个世纪的祭祀活动的举办地。巨石阵继续作为一个聚集地，内布拉星象盘这样的物品反映了蛮族对天体的强烈兴趣。斯堪的纳维亚和阿尔卑斯山各地的石刻艺术提供了表达思想和宇宙观的另一个媒介。

第 3 章
贸易、盐、希腊人和财富

公元前一千纪早期，蛮族世界经历了区域性的经济和社会复杂程度的爆发。贯穿本书的许多主题继续交叉汇聚。公元前800—前400年，我们在区域规模上看到了贸易网络日趋复杂，丧葬仪式越来越讲究。尽管这一时期被称作铁器时代早期，铁的采用和它在工具、用具上的使用却是逐渐发生的。与从石器时代到青铜时代的转变一样，从青铜时代到铁器时代的转变也是循序渐进的，从亲历者的角度来看尤其如此。

铁的出现

青铜时代最后几个世纪，铁已经开始得到使用，但最初并没有太大的经济意义。不同于需要来源不同的两种金属才能合成的青铜，铁矿在欧洲的分布非常广泛。从大西洋到乌拉尔山脉的大部分人口中心也许都有一座相距很近的铁矿。这些可以是来自山区的高品位矿石、低品位的沼矿或来自沉积区的褐铁矿。它们都可以熔化浓缩，被制成类似的中间产品，再打造成各种有用的物品。

熔化铁的燃料通常是木炭，熔化过程需要大量燃料和充足空气来加热木炭与矿石混合物，制成"搅炼熟铁"。熔炼一开始在地坑中进行，后来技术改进到使用高出地面的黏土炉。炼铁的温度达到了1100—1300摄氏度（2000—2400华氏度），比熔化铜需要的温度高得多。经过充分加热后，矿渣会沉淀在炉底，留下的搅炼熟铁可以被提取，通过加热和锤打继续加工。

虽然铁的分布比铜和锡更为广泛，但熔化、精制搅炼熟铁和将它打造成有用产品需要达到很高的温度，因此它的生产要求相当高的技术。人们需要学习完善新的技术。浇铸，这种青铜时代的基本方法对早期的铁不是特别有用，锻造锻打开始成为有用的重要技能。

铁相比青铜的优势是它非常耐用，可以保持锋利的刃口。铁制刀剑只有在受到很大冲击时才会折断，并且刀口可以反复打磨。它们的生产成本相对低廉，因此可以制成有用的器具，如壶、钩、剪刀等。用来连接木料、简化木工工艺和可以悬挂重物的铆钉和钉子也有了。经过一段时期，人们才想出这种新型金属的这些用途，但铁器生产中心很快就在蛮族世界如雨后春笋般冒出来。

一个这样的中心在今斯洛文尼亚的斯季奇那（Stična）。[1] 当地的高品位铁矿被熔化、锻造，随后运到整个阿尔卑斯山东部和意大利北部地区。结果，大量财富流入斯季奇那。附近成千上万座墓葬内的物品反映了这一点。

然而铁没有取代青铜，尤其在奢侈品方面。许多精工细作的制品，如发现于斯季奇那坟墓里的装饰精美的桶，仍然是用青铜制成的。贯穿整个史前社会晚期，青铜是制造精美物品的主要金属，铁则是制造工具的务实选择，这些工具需要的是廉价和数量或结实和锋利。铁制品是为使用而生的。

图 23　有天线形刀柄和铁制刀身的匕首。来自奥地利哈尔施塔特，保存在维也纳自然史博物馆（Natural History Museum）

青铜时代结束和铁器时代开始的传统划分使用了"Hallstatt"[1]一词。我们下面将要看到，它也是奥地利一个重要遗址的名字。初期铁器时代分为从 A 到 D 四个阶段，前两个是以火化墓葬为特点的青铜时代的最后阶段，后两个是铁器时代的初期阶段。初期铁器时代主要是考古学专家用的标记，但该词经常用于描述公元前 800—前 400 年这一时期。它经常用于形容公元前 7—前 5 世纪中欧各种千差万别的社会。

谁是凯尔特人？

"住在你研究的那些地方的人是不是……凯尔特人？"谈到我在波兰考察的石器时代聚落的时候，经常有人向我提出这个问题。我只得回答，"不是，我研究的农民比生活在欧洲的可以被称作凯尔特人的人早了几千年"。被动句"可以被称作"非常重要。公元前最后一个千年，欧洲温带地区南部或西部没有一个人认得"凯尔特"这个名字。不管过去还是更近的时代，凯尔特人只是外人对他

[1]　Hallstatt，哈尔施塔特，这一词既是地名，也可以表示"初期铁器时代"。哈尔施塔特文化是欧洲青铜时代晚期、铁器时代早期（公元前 1200—前 600 年在欧洲温带地区）的文化阶段，出现在拉特尼文化之前，通常被认为具有类似瓮棺文化的特征，与早期凯尔特人有关。

们的称呼。不过他们依然是一个真正的民族，在本章的讨论中，我们开始看到标志凯尔特传统的共同特性。这一传统体现在语言和贯穿德国、法国以及不列颠群岛史前史晚期的装饰风格中。

被称作凯尔特的民族在公元前 800 年的中欧青铜器时期有很深的考古学根源。公元前 600—前 450 年，凯尔特传统在欧洲中西部哈尔施塔特地方首领中延续，他们与希腊商人的贸易带来了地位和财富的惊人展示。我们将在后文更详细地探究这一关系。虽然这些贸易联系在公元前 450 年左右逐渐削弱，凯尔特人现在却已经为地中海世界所知。一些团体向南迁徙，进入巴尔干地区和意大利，甚至远到安纳托利亚。接着，凯尔特传统延续至公元前最后一个世纪引人注目的拉登艺术风格，并且在爱尔兰、苏格兰和布列塔尼的本地语言，以及与之相伴的文化认同中延续至今。拉登艺术风格将在下一章被提及。

约公元前 500 年，希腊作家米利都的赫卡泰乌斯（Hecataeus of Miletus）写到他称作"Keltoi"的民族。这一词特指从北欧迁徙到巴尔干南部、希腊甚至安纳托利亚，并且在希腊人的海外贸易基地马赛与希腊人接触的民族。学者将"Keltoi"或凯尔特人这样的词称作"族名"（ethnonym），意为给予一个族群，将他们与邻居区分开来的共同名称。时过境迁，该词被用于蛮族、侵略者。公元前一千纪下半叶，先是希腊人，后是罗马人与他们有了接触，当时的凯尔特部落渗透进巴尔干地区和意大利，于公元前 390 年洗劫了罗马。

从波希多尼乌斯（Posidonius）和后来的恺撒与塔西佗（Tacitus）等古典作者的作品里，我们对凯尔特社会有所了解。凯尔特人被赋予了各种各样的特征，最显著的是作战和饮酒。他们的口述传统由祭司［后来被称为"德鲁伊特"（druid）］、吟游诗人和诗人掌管。一个武士精英阶层为首领服务，后者凭借战役的成功来获得权力和权威。专业手工业者成为加工青铜、黄金和珊瑚等材料的专家，这些材料还具有了精神意义。饮宴巩固了精英间的关系。凯尔特人的一项重要制度是庇护做法。贵族庇护人向受保护人提供保护和威望，作为回报，他们从后者那里获得支持和服务。

与被称作凯尔特人的蛮族有关的图书有很多[2]，但凯尔特人一词在本书后面不会出现太多。一个原因是，史前凯尔特人只代表了欧洲温带地区蛮族的一部分，而他们与同时期欧洲温带地区居民的区别在很大程度上是外人强加的。本书的一个重要主题是欧洲史前史后期"统一中的多样性"，将凯尔特人从其他蛮族中分割出来则引入了一个不和谐音符。然而，不更多关注凯尔特人的主要原因却是，本书自始至终一直在使用另一个族名，即"蛮族世界"，它既包括了名为凯尔特人的民族，也包含了欧洲温带地区的所有其他史前社会。

淹没在水下的波兰北部湖畔村庄

波兰北部许多地方是湖区，冰川期的冰川在这些地方留下了蓄水的低洼地与谷地。与今天一样，这些地方在史前时期也是很有吸引力的定居地，因为周围的旱地区域覆盖着肥沃的土壤，并且连接这些湖泊的溪流使借助水运工具的旅行非常便利。波兹南市（Poznań）以北约60千米（40英里）的比斯库平湖（Lake Biskupin）就是一座这样的湖泊。1933年，在一座伸入湖中的湿软半岛上，人们发现了一个惊人的铁器时代堡垒村落。[3]

当地学校的老师瓦伦蒂·什瓦泽读到过瑞士湖上史前木桩屋的相关资料。一天，他注意到泡在水下的木头从湖边的泥沼里伸出来，于是想象自己找到了波兰的湖上史前木桩屋。他将自己的发现报告了波兹南的考古博物馆（Archaeological Museum），消息又传到波兰现代考古学创立者之一约瑟夫·科斯切夫斯基（Józef Kostrzewski，1885—1968）耳中。科斯切夫斯基认识到这一发现的重要性，接下来的夏天，他开始发掘。

科斯切夫斯基的一支由助手和工人组成的队伍有条不紊地揭开一团乱麻的水泡木头。最终，房屋和街道的轮廓开始出现。这些房子被建成长排，共用隔墙，分隔房子的街道上铺着橡木。逾100所房子都十分类似，尺寸约8米 × 9米（26英尺 × 30英

图 24　20 世纪 30 年代波兰比斯库平发掘地的航空照片，从波兰陆军的一只侦察气球上拍摄

尺）。房子有一间带石头炉膛的主屋，进去要穿过一个用于储存的前厅。

　　围绕这个聚落的是一道木箱构成的围墙，木箱里填着泥土和石头。它围起一块大致 160 米（525 英尺）宽，200 米（660 英尺）长的椭圆形区域，围墙的高度有 5—6 米（16—20 英尺）。遗址三面沿湖岸排列的削尖的木桩承担了防波堤的功能，可以保护围墙不受侵蚀，还能打消敌人从水上发动进攻的企图。一道大门是进入内部街道系统的入口。街道和房屋的内部组织表明，在村落建设之前，它的布局已经规划好了。

科斯切夫斯基应用了当时很新颖的技术。[4]为了得到显示聚落布局的垂直拍摄照片，他请波兰陆军用一只侦察气球飞过发掘地上方，还请波兰海军潜水员搜索了湖底。他们非常细致地收集和分析动物骸骨与植物残骸。科斯切夫斯基组织了一场大规模媒体宣传运动。第二次世界大战中断了他的发掘。战争期间，进一步的调查由纳粹党卫军祖先遗产组织（ss-Ahnenerbe）进行（见第6章）。战后，科斯切夫斯基的学生继续在比斯库平的研究。虽然大规模的发掘于20世纪70年代结束，但对该遗址的研究一直持续至今。

对植物残骸和动物骸骨的分析揭示，比斯库平的居民是农民。他们种植黍、小麦、大麦、黑麦和豆类，养猪和牛。猪提供了肉，牛提供肉和奶。一个重要问题是有多少人生活在比斯库平。一些研究估计在700—1000人，尽管这似乎有点高。然而，比斯库平显然代表了一个集中了几百人的居住地，他们给周围的土地、草场和森林带来了沉重压力。牛也被用于拉车和犁，因为人们在那里的木材间发现了木头车轮和犁头。

早先的放射碳年代测定表明，比斯库平有人居住是在公元前700—前600年，但对淹在水下的木头做的年轮年代测定提供了更准确的年代。[5] 比斯库平的建设中使用的大部分树木砍伐于公元前747—前722 年，其中近一半砍伐于公元前 738—前 737 年的冬季。尽管这个聚落的实际存续时间还不明确，但它至少在一场大火后经历了一次大的重建。不过最终，这个聚落还是在公元前 708 年左右被废弃。

我们现在还知道，比斯库平并非独一无二。[6] 这一地区许多其他湖泊在大致同一时期也有堡垒聚落。索别尤希（Sobiejuchy）位于比斯库平以北 14 千米（9 英里），坐落在两座湖泊间的一条地峡上。2700 年前，那里也许是座岛。索别尤希覆盖的面积更大，但内部组织形式与比斯库平大不相同，它的房子又狭又长，不像比斯库平那样挤得密密麻麻。其他遗址，如斯穆泽沃（Smuszewo）和伊兹德诺（Izdebno），有与比斯库平一样拥挤的布局。在这一小片地区就有两种不同的聚落特色，这一点突出表明了蛮族世界远非千篇一律。

不知为什么，大概只过了短短的几十年，比斯库平和附近的遗址就被抛弃。当时的气候确实变得潮湿了一些，因此有人列出了湖面上升的理由。也有人认为是劫掠者的进攻和掠夺，厚重的围墙也暗示防御是一大关切。也许它们崩溃的原因来自内部。建设这些聚落需要太多的木材，因此需要整公顷整公顷地砍伐森林，尽管这片地区作为耕地和牧场得到了很好的使用。

图 25 还原的波兰比斯库平遗址的围墙和大门。注意围墙外那些削尖的木桩，它们既充当防波堤，又是防御的一部分

数百人挤在有限的空间里也会带来问题。个人与家庭间的冲突会难以解决，并且最终，也许是内部压力导致了比斯库平及其邻居的衰落。

盐成为财富

古代社会，如果肉和鱼的供应太多，一次吃不掉，盐就会成为必不可少的商品。到公元前一千纪初期，欧洲各地住在距盐的自然资源不远的社会想出一个办法，与其他没那么走运的社会做盐交易。这需要通过开采盐矿、蒸发卤水或海水，以工业规模生产盐的能力；需要将盐密实地装进容器运输的能力；所用运输系统要有能力以牛车或水运工具装载很重的负荷；还需要消费者有用金属制品、谷物、皮毛和他们可以种植或制造的任何物品来支付的能力。

一个社会生产盐的能力越大，流向它的货物就越多。到贸易货物流返回到源头时，它们的价值被导向奢侈品而非普通商品。结果就是一些社会变得极为富有。中欧盐矿开采者的黄金时代由此开启。海水或卤水蒸发制盐是批次生产过程，限于此，它的产量有天然限制。蒸发工艺似乎被用于满足本地需求。另外，开采中欧巨大的盐丘受到的限制只有劳动力供应和盐从地下挖出并运走的速度。

哈尔施塔特是盐资源丰富的社会之一，位于奥地利阿尔卑斯山区。之前已经提到，初期铁器时代就以它的名字命名。公元前一千纪中叶，哈尔施塔特开始高居一个经济体系的顶端。在这个体系里，盐被运到中欧广大地区的各个农庄和地中海盆地北方地区，用于交换各种奢侈货物。因为有了近两个世纪的考古调查，我们对哈尔施塔特的采矿社会有了相当多的了解。

哈尔施塔特的矿工及其坟墓

萨尔茨堡（Salzburg，名字是个提示，因为"Salz"在德语中表示盐）以南的奥地利阿尔卑斯山，高居萨尔察赫河（Salzach River，还是名字）河谷之上，包围着深不见底的湖盆。蜿蜒的道路穿过条条山口，向下通往陡峭山坡围绕的深湖盆，顺着这些路就能到达现在的哈尔施塔特镇（再一次，名字是个提示，因为"Hall"是表示"盐"的古德语词根）。镇子紧挨着狭窄的湖岸，两道山坡俯视着镇子，山坡间的萨尔茨堡峡谷（Salzbergtal）通向深山。峡谷间坐落着史前盐矿和一座铁器时代墓地，哈尔施塔特因此成为理解财富在公元前一千纪如何积累的最重要遗址。[7]

在哈尔施塔特，古代矿工循着近乎纯净的岩盐矿脉，从山坡上倾斜着挖掘矿井，直到近330米（1100英尺）的深度。矿脉约5米（16英尺）厚，矿工们在树干上刻出凹槽，做成梯子，爬到更高的位置。他们用青铜镐在盐面开出一条垂直的槽，再向两侧各开两条弧形槽，最后撬下由此形成的两叶盐块，带到地面。碎盐则被铲起，倒进一个有木框架的牛皮背包。[8]矿工的背包有个简单而聪明的部件：一根从一侧竖起的木棍。扛包人到达收集点时，他或她弯下身，拉动木棍。木棍拉着背包向前倾，将盐倒出来。

在哈尔施塔特的山腹里，最常见的人类活动痕迹是烧过的木

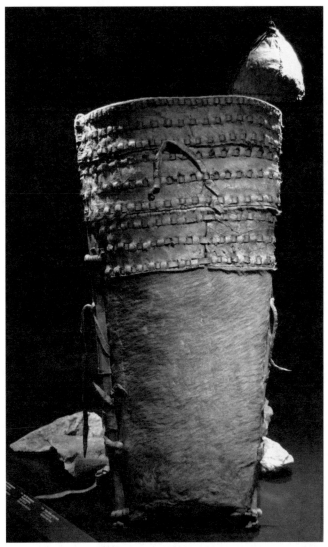

图 26 来自哈尔施塔特的用于背盐的青铜时代背包，据推测，铁器时代也使用类似的装备

头。矿工将它们用作火炬或用来加热。矿工还留下了羊毛和亚麻做的衣服，以及皮鞋、皮帽。这些针线活很简单。例如，一顶锥形帽子就是一块三角形的毛皮缝起来的，为了保暖，有毛的一面放在里侧。

采矿非常危险，虽然有支撑装置，坍塌还是会造成人员伤亡。1734 年，保存在盐里的一具事故受害者尸体在山腹内被发现。他的衣服鞋子以及被发现时的环境清楚地表明他是史前矿工。他被发现时，18 世纪的矿工们关心的是他是否为基督徒。他们认为他大概不是，因此将他的尸体埋在教区墓地外的不洁墓地里。那是埋葬异教徒和自杀者的地方。离开盐后，尸体很快腐烂。还有多少史前矿工依然埋葬在这座山里？

从盐里得到的财富反映在从盐矿入口沿萨尔茨堡峡谷下去不远的墓地里。自 19 世纪中叶以来，人们发现了超过 1100 座史前坟墓，既有火化墓，也有骨架墓葬，另外还有许多可能为后期采矿所毁的坟墓。哈尔施塔特的墓葬里有青铜和铁制的剑和匕首、青铜碗和锅，以及玻璃、琥珀和金属制成的头盔与装饰品。外来材料证明了将这些货物带到哈尔施塔特的网络的范围。例如，一只剑柄由镶嵌着琥珀的象牙制成。我们不知道象牙来自非洲还是亚洲，但它在公元前一千纪辗转来到中欧的一片山坡，这本身就证明了蛮族世界与遥远土地的联系。

因为尚未有聚落被发现，我们不知道哈尔施塔特的矿工住在哪里。对坟墓的分析表明，哈尔施塔特是一个正常的由家庭组成的铁器时代社会，而不是一个男性多到不成比例的专业采矿聚落。妇女儿童和男人一起在盐矿劳动。对女性骨架的检查表明，她们经常用一边肩膀背重物，因此也许是她们使用了上文描述的背包。

蛮族遇上希腊人

直到现在，地中海世界还徘徊在本书描绘的这幅图画的南面以外。公元前一千纪，希腊文明正达到它的巅峰。希腊城邦向爱琴海（Aegean）的另一面寻找获得权力和财富的新机会。伊阿宋（Jason）和奥德赛（Odysseus）的伟大神话扎根于一个航海传统，为了建立贸易据点，希腊人一面向西出发，穿过地中海；一面北上进入黑海（Black Sea）盆地。他们的目标不是征服当地民族和开拓殖民地，而是用希腊作坊和葡萄园的出产换取制品和原料。积年累月，这些商业中心融入当地经济，吸引了来自希腊本土的移民，带来了希腊人与蛮族世界的接触。

这类早期尝试将希腊人带到亚得里亚海（Adriatic），来自科林斯[1]的商人在克基拉岛（Corfu）建立了一个贸易基地。接着他们到达了意大利南部和西西里（Sicily），天长日久，这些地区发展成一大片希腊殖民地，总称大希腊（Magna Graecia），其中的锡拉库扎（Syracuse）成了希腊世界最大的城邦。来自锡拉岛［Thera，桑托林岛（Santorini）］的殖民者渡过地中海，在北非昔兰尼[2]开设了商店。正是在希腊人继续北上，穿过赫勒斯滂海峡[3]进入黑海盆地，从大希腊北上到达今法国南部沿海之际，他们与蛮族世界有了最重要的接触。这些接触不仅给希腊殖民者带来了利益，还改变了蛮族社会。这一影响不仅及于殖民地本身，还远远深入内陆。

希腊人开启了中欧的一个镀金时代

一个这样的希腊殖民地名叫马赛，位于法国地中海沿岸的罗讷河河口。马赛（希腊语拼写"Massalia"与拉丁文拼写"Massilia"接近，后者发展为现代的"Marseilles"）的历史真正始于土耳其西

---

[1] Corinth，希腊伯罗奔尼撒半岛北海岸城市，1858年建立的新城位于同名古城偏东北部，该古城是古希腊著名城邦。

[2] Cyrene，北非古希腊城市，靠近昔兰尼加（Cyrenaica），公元前4世纪起成为著名的知识中心。

[3] Hellespont，达达尼尔海峡的古称，取名于传说中的希腊公主赫勒，她与兄弟佛里克索斯骑着一头金毛公羊逃离继母伊诺时坠入该海峡，溺水身亡。

部的福西亚［Phocaea，今福恰（Foça）］城邦。公元前 600 年前后，殖民者从福西亚向西出发，前往罗讷河河口建立一个贸易基地。据说，一个希腊重要人物与一位当地首领的女儿的婚姻决定了这桩交易，使希腊人得以建立他们的贸易站点。

马赛的位置非常有利，因为罗讷河、它的支流索恩河（Saône）和索恩河的支流杜河（Doubs）向北深入中欧西部腹地近 950 千米（600 英里）。在它的上游源头，罗讷河—索恩河—杜河水系通过陆地与塞纳河、莱茵河和卢瓦尔河（Loire）连接起来，提供了一条从地中海通往北海和大西洋沿岸的直接路线。西欧许多地区的蛮族社会很快就感觉到希腊在马赛的存在的影响。希腊人向中欧精英们提供的是大希腊的作坊精心制作的产品和葡萄酒，以及来自希腊本土的物品。来自意大利北部伊特鲁里亚人（Etruscan）的产品也辗转来到马赛，一些还翻过了阿尔卑斯山。最后，马赛自己的作坊和葡萄园也开始为这一贸易出产货物。葡萄酒和奢侈品从马赛一路向北，也许还要通过一系列中间人或马赛的代理人，直至到达德国南部和法国东部。

中欧一些人凭借在马赛与希腊人的贸易积累起巨富。这些财富又转化为地位和声望，因此出现了精美聚落和奢华墓葬。虽然我们不完全理解导致这种财富和地位突然集中的微观经济因素，但它的效果是标志生前身后名望的物质展示，这种展示有时显得非常浮华。中欧铁器时代精英的大本营和墓葬充满了暴发户气息。如果这些人活在今天，我们将在《每日镜报》（*Daily Mirror*）或《人物》（*People*）杂志上看到他们。

从德国南部到法国东部，中欧这些贪婪的精英用堡垒围起山顶地面，向周围的乡民炫耀他们的地位。这些围地构成一个聚落综合体的一部分，成百上千可能是当地首领及其家族属民的人就住在这些聚落里。十来个显眼的聚落地拥有了"王子住地"（德语：Fürstensitze）这样梦幻的名字。

最近的研究让我们对这些聚落的组织、在那里进行的活动和他们的内陆贸易区有了新的了解。

拉索瓦山

在巴黎东南约 200 千米（125 英里）的勃艮第地区（Burgundy），拉索瓦山（Mont Lassois）俯视着塞纳河畔的维村（Vix）。它地势较高的一端是块宽阔的台地，表面约 5 公顷（2 英亩[1]）。青铜时代，这块台地已经是一个堡垒聚落，但时隔三个世纪后，它重新发展为一座使用于公元前 620—前 450 年的人口稠密的城堡。

---

[1] 原文为"2 英亩"，5 公顷约合 12 英亩，故此处应为原作者笔误。

最近对这片台地的地球物理学调查绘出一幅关于拉索瓦山聚落规划的详细图画。[9]一条主干"大街"几乎由北至南纵贯了台地。街道两侧是壕沟和尖桩栅栏标出界线的居住区，里面包含了从狭小到庞大的各种规模的建筑。它给人的印象是一个围在木材和石头围墙里的规划良好、井井有条的社区。

其中一个院落的两座宏大建筑建于公元前 530/520—前 480/450 年。大的一座有 35 米 × 22 米（115 英尺 × 72 英尺），内部面积超过 500 平方米（5000 平方英尺），小的一所有 25 米 × 14 米（82 英尺 × 46 英尺）。它们布局合理，由三个部分组成：一道门廊、一个正厅和一间巨大的弧形凹殿。这间凹殿赋予它们类似教堂的独特布局。大的那座建筑估计约有 15 米（50 英尺）高，十分雄伟。它曾毁于一场大火，后来得以重建。它坐落在台地顶上，也许在几千米之外都看得到。这些巨大凹殿建筑的功能尚不清楚。它们是精英的住处，还是仪式举办地或公共会议厅？也许它们承担了几种不同功能。

霍伊讷堡

霍伊讷堡可能是最出名的"王子住地"，它位于德国西南部，俯视着多瑙河。霍伊讷堡盘踞在一座山顶上，青铜时代后期，山顶

图 27　法国勃艮第地区的拉索瓦山是铁器时代一位"王子"的住地，它的宏伟建筑俯视着维村坟墓

作为一个小村庄所在地修建了堡垒。小村庄后来被抛弃。约公元前650年，最终围起 3.3 公顷（8 英亩）的大规模建设活动开始了。接下来两个世纪里，山顶四周的围墙至少被推倒重建了十次。

约公元前 600 年的一次重建期间，围墙的一部分用晒干的黏土砖建成，在一层石灰石块的基础上建到 4 米（13 英尺）高。[10] 这样的结构在中欧独一无二，一个很充分的理由是它不适合潮湿的季节性气候环境。晒干的泥砖过一段时间就会溶掉，尽管霍伊讷堡的泥砖借助频繁的重新粉刷得以保存。最后，显然由于一次进攻，它的木头步道被烧毁，导致泥砖墙垮塌。

在中欧建一道地中海风格的墙，唯一说得通的理由是主人希望显示对遥远土地上的奇特做法的熟悉，从而强化他的声望。也许他去过马赛，见过类似的墙，试图有样学样。泥砖也许很难制作和保养。泥砖墙于公元前540—前530年被毁后，这座堡垒用木头围栏填以石头的传统方法得到重建。

霍伊讷堡的泥砖墙生动显示了中欧精英与地中海世界的联系。发现于霍伊讷堡的外来物品包括希腊黑彩陶器、产于马赛内陆的普罗旺斯（Provence）的双耳酒罐。罐里大概装了从罗讷河流域运来的葡萄酒。公元前6世纪的中欧精英对葡萄酒着了魔，希腊人更是乐于纵容他们的嗜好。

长期以来，人们一直认为霍伊讷堡聚落仅限于堡垒围起的山顶。20世纪90年代初期，在山脚和周围乡间的调查揭示出一个包围着壕沟和围墙的地势更低的堡垒聚落。它覆盖了近20公顷（50英亩）土地，里面既有房屋，也有加工青铜和织布的作坊。为了平整土地，人们堆起小块小块的台地。发掘工作揭开了一道通向这个低地聚落的宏伟大门。与山上的堡垒围墙一样，它也由一层石头基础加泥砖构成。一条横跨壕沟的桥通向大门。大门被设计成一个雄伟的入口。桥上的木头用年轮测年法确定的年代为公元前590年。[11]

低地聚落之外是一片超过100公顷（250英亩）的农地，稠密的农庄聚集成更大的住地。这些住地由壕沟隔开，农庄外则围着长方形的尖桩栅栏。周边地带的其他组成部分有坟丘和小村庄。因此霍伊讷堡不是孤立聚落，而是一个庞大综合聚落的中心。据估计，该地的人口达到了几千人。复杂的聚落、手工生产和专业化的证据、远距离贸易和稠密的人口，所有这些促使一些人认为，这些遗迹有一种"城市"特色和早期城市的特征。拉索瓦山的宏伟建筑和规划证据也导致了"准城市"一词在最近解读中的使用。不管情况是否确实如此，霍伊讷堡和其他奢华院落都是哈尔施塔特全盛时期的居住和工业区域。

奢华坟墓

然而，中欧哈尔施塔特精英的故事不仅仅局限于堡垒住所。这片考古地带的巨大古墓更能说明问题，它们塞满奢侈陪葬的墓室里是一份单独的主墓葬。[12] 20 世纪 70 年代后期，德国西南部霍赫多夫（Hochdorf）一座没被盗过的铁器时代"王子"坟墓引发了轰动。不仅盗墓者一直没注意盖在墓上的坟丘，考古学家也是直到 1977 年才发现它。[13] 这座霍赫多夫坟墓的陪葬品让它成为中欧数一数二的豪华墓葬。

霍赫多夫的"王子"

霍赫多夫的坟丘最初约有 6 米（20 英尺）高，但侵蚀和耕作大大降低了它的高度，以致从外面几乎看不出来。它的直径近 60 米（200 英尺）。挖到最初的地面以下 2.5 米（8 英尺）就是一座每边约 11 米（36 英尺）长的方形墓室。墓室内是一棺一椁，都由橡木制成，各盖着一块木盖。棺内放着尸首和陪葬品。棺椁间的空隙填着石头，还有更多石头堆在棺椁盖上，石头总重达 50 吨（55 短吨）。不幸的是，连结实的橡木都承受不了这样的重量，被压垮了。好消息是，这也让墓里的木头和织物等许多易腐物品泡在水里，得以保存。

葬在霍赫多夫这座坟墓的男子年约 40 岁，身高约 1.8 米（6 英尺）。他戴着一顶锥形桦皮帽，也许不及发现于哈尔施塔特的皮帽暖和，但依然很时髦，还戴着一只金项圈。胸前一只小袋里有一把木梳、一把铁剃刀、五颗琥珀珠和三只铁鱼钩。他的衣服甚至连鞋子上都装饰着金子锤打成的带子。摆在他身边的是弓和一筒箭。

男子的尸体躺在一张披着獾皮、类似沙发的青铜长椅上。长椅靠背和两侧刻画着马车和舞蹈的场面，椅子腿是举着胳膊的青铜女性人物。长椅脚下有轮，可以滚动。这件不同寻常的家具在古代欧洲没有已知的类似物品。长椅脚下是一只装饰着三只狮子的青铜容器。它产于大希腊的作坊，容量约 500 升（110 加仑）。容器里的残渣来自一种发酵的蜂蜜饮料，也许是用发现于容器里的一只小金碗喝的。喝酒显然是桩大事，因为九只兽角酒器挂在覆着织物的墓室墙上。墓室另一面是一辆四轮马车，配着两匹马用的挽具。虽然包着铁，有结实的十辐车轮，但车身太轻，显然不是为了实际使用，只用作陪葬。更多陪葬品摆在车板上，包括一套供九人用的青铜餐具。

即使有如此丰富的奢侈陪葬品，我们对霍赫多夫墓主的了解依然很少，但我们可以做些推测。我们知道他的年龄和身高，还知道他体格强壮。他喜欢打猎、钓鱼、喝酒。数字"9"也很重要，也

图 28　德国霍赫多夫的一只青铜酒缸口边的狮子细节

许它代表了顾客或仆从。陪葬品指出的埋葬日期在公元前 530—前
520 年，这意味着他可能见过被毁之前的霍伊讷堡泥砖墙。他和家
人很富有，因为他身边的黄金总重约 600 克（21 盎司），超过了当
时的任何其他墓葬。不难推测，此人是他所属年代的社会上层一个
非常重要的人物，能够支配可观的财富。

维村夫人

　　流过维村的塞纳河边，拉索瓦山的阴影下，坐落着一座直径 38
米（125 英尺）的墓丘。墓丘中央一间与霍赫多夫非常类似的墓室
发掘于 1953 年。[14] 与霍赫多夫的墓室一样，它里面也有一辆四轮马
车，不过它的轮子被卸下，靠在墓室墙上。马车厢板上摆着一具女尸。
她戴着一只巨大的金项圈，项圈球形末端装饰着细小的有翅膀的马。
墓内其他地方放置有黄金、琥珀和珊瑚制成的大量各种各样的物品。
她显然是个地位很高的人物，被称作"维村夫人"（The Lady of Vix）。
　　高高耸立在墓中一切物品之上的是一只名为双耳喷口罐[1] 的
巨大青铜容器。维村双耳喷口罐高约 1.64 米（5 英尺 4 英寸），重
约 209 千克（460 磅），容量约 1100 升（近 300 美制加仑或 240 英

---

[1]　Krater，又叫掺和器，是古希腊一种将酒和水掺和在一起的双柄大口罐。

制加仑）。它装的液体无疑是掺水的葡萄酒，因为那就是这样大的容器在希腊世界的用途。它约于公元前530年出产于希腊殖民地大希腊的一间作坊。这间作坊距塔伦特［Tarent，今意大利塔兰托（Taranto）］市和锡巴里斯市（Sybaris，考古学上认为它在塔兰托湾沿岸）不远。和它在一起的是制作于公元前520—前515年的雅典黑彩陶酒杯。

借由发现于维村墓葬的双耳喷口罐，我们看到哈尔施塔特的精英阶层对葡萄酒和炫耀品的渴望。它还表明，葡萄酒是作为一种炫耀来消费的。双耳喷口罐本身就是一种炫耀。在希腊世界，这些一般是陶制的。制作一只如此沉重的青铜容器，再翻山过河运输约1600千米（1000英里），或者也有可能从海上运到罗讷河河口，再从那里溯水而上，这些都是这场炫耀的一部分。它作为陪葬品也是如此。维村夫人及其精英家族是在属民面前炫耀他们的名望和地位。这些与在拉索瓦山建造了凹殿的精英是同样的人吗？很有可能。

拉沃的一座新出土坟墓

哈尔施塔特精英的遗迹不断出世。2014年，另一座奢华墓葬在法国特鲁瓦（Troyes）附近的拉沃出土。[15] 因为看上去像自然存在的小丘陵，它过去没受到打扰，现代也逃过了劫掠。拉沃的这座坟丘有 40 米（130 英尺）宽。它掩盖了一间只葬有一具骸骨的坍塌墓室。奢华墓葬的重要元素一样不缺：一具佩戴金饰的尸体；一辆车，这里是一辆两轮敞篷马车；数量丰富的饮宴用具，包括希腊和伊特鲁里亚的青铜容器。墓里最引人注目的是一口直径略小于 1 米（3 英尺）的巨大青铜罐。沿罐口装饰着八只狮头和四只环形把手，每只把手都雕着希腊河神阿刻罗俄斯（Achelous）的头像。阿刻罗俄斯样子独特，有一把修成方形的络腮胡、一撮八字胡和牛耳牛角。这只大缸里是一只名为陶酒罐（oinochoe）的希腊黑彩葡萄酒壶，壶口和底镶着金边。其他青铜容器和一只银滤器凑足了这套葡萄酒具。

图 29　法国拉沃的一只青铜葡萄酒罐罐口的一只狮子细节

埋在拉沃的这个人脖子上套着一只巨大的金项圈。项圈重0.7千克（1.5磅），装饰着有翅膀的人和显眼的梨形末端。这种个人装饰的形式，加上琥珀珠、金手镯和珊瑚服装饰物，以及墓内没有武器的事实，让人一开始猜测此人是个社会地位很高的女性，与65千米（40英里）外的维村夫人非常相像。然而随后的检验表明，拉沃坟墓里的人是个男子。

塞纳河、多瑙河和莱茵河等大河源头的小山院落和贵族墓葬显示，中欧东部主要水系间的陆运大通道非常适合控制沿这些走廊的贸易。今天的运输工程师会将古代的这种货物流动称作"多式联运"——水路与陆上运输的结合。在铁器时代精英的例子里，他们从地中海世界收到的奢侈货物只是这个故事的一面。另一面包含了用于交换它们的商品向南的流动。从北方得到的皮毛、蜂蜡、琥珀，可能还有奴隶，兴许是为了换取相当普通的农产品和当地出产的手工制品。这些通过上述陆运通道，被生活在那里的社会聚集起来。作为中间人，他们可以满足自己对地中海奢侈品的胃口。

可惜这种做法没有持续下去，中欧那些令人瞩目的消费似乎在公元前450年左右逐渐减少。这反映了社会动荡，还是仅为交换网络的重新调整，我们还不知道，但社会复杂性不是一条直线向前发展的。因为地中海货物基本上是地位的象征，也许我们今天看到的这类物品具有的流行曲线同样适用于过去，因此希腊货物不再是权力和财富的标志。也许社会底层也能得到它们，因此它们不再是精英独特性的象征。不管出于什么原因，公元前 5 世纪，蛮族世界的故事这一章画上了句号。

英吉利海峡另一面的山上要塞

然而，希腊人与中欧间贸易的衰落并不意味着山上要塞在西欧其他部分的结束。在不列颠群岛，尤其是不列颠岛，以堡垒为中心的聚落的建设、定居和发展还在快速推进。不列颠岛南部山上要塞不依赖外国产品的贸易，反而似乎是当地因应结合松散的小政治体对防卫、手工和权力中心的要求而生的。数十座铁器时代的山上要塞中，最出名的两座是多塞特郡（Dorset）的梅登堡和汉普郡（Hampshire）的丹伯里（Danebury）。

梅登堡是一座长而陡峭的小山，曾是石器时代一处壕沟圈地和一座长坟的旧址。[16] 公元前 500 年左右，一座小的山上要塞在它的东端建起。接下来几个世纪里，它得到扩张和加强，三道巨大的白垩围墙和相应的壕沟极大地改变了山坡的轮廓。要塞最初建成的时候，裸露的白垩肯定从很远处就能看到，极其雄伟，令人望而生畏。到它的最终阶段，梅登堡占地达 47 公顷（116 英亩）。

梅登堡内有英国石器时代典型的各种圆屋和四根柱子的谷仓。

谷仓为边长略大于 2 米（6 英尺）的正方形。它们出现在不列颠岛南部的铁器时代遗址上，以六根柱子的形式出现在蛮族世界其他地方。梅登堡经历了几次重组，一个有数条干道、井井有条的聚落规划代替了原本随意的房屋分布。织物生产和金属加工的证据表明它不是纯农业聚落或临时避难所。

入口是梅登堡最有意思的一些部分。穿过围墙的通道不是排成一条可供进入内部的直线路径，而且互相错开，经常还相隔一些距离，迫使来袭部队迂回穿过交错的壕沟，给了防守者居高临下的用箭、矛和石块猛攻的机会。这样复杂的入口是山上要塞的典型特征，梅登堡的围墙则特别生动地展示了它们。

丹伯里发掘于 20 世纪后期，因此我们对它的内部和围墙有相当详细的了解。[17]它所在的小山不像梅登堡那样陡峭，因此它的防守也并非那么牢不可破，但它依然控制着周边地区。有人居住的几个世纪里，它的围墙经历了数次扩建，一次比一次精巧复杂。穿过围墙的大门以木结构城楼强化，且城楼复杂能够延缓部队入侵。集体墓里的尸体有的受过可怕的伤，有的残缺不全，多半是一次袭击的结果。

与梅登堡和不列颠的其他山上要塞一样，丹伯里内部也为圆屋和四柱谷仓所占据。聚落的各个部分出土了近 25 万块动物骸骨，其中约三分之二来自绵羊，清楚地表明了用于产肉、羊毛和奶的绵羊是当地动物经济的基础。牛也是这一经济的重要成分，牛骨占这些骸骨的五分之一，猪骨则构成了样品中的八分之一。马被用于骑乘、拉轻货，也作为驮畜，尽管埋藏的仪式物品里的马骨表明它们被看成与其他牲畜不同的类别。

　　然而，梅登堡和丹伯里这样的山上要塞并没有取代前几个千年出现的农庄聚落形式。它们是经济、仪式和商业活动的中心，也是

图 30　英国丹伯里山上要塞的一张航空照片显示了多层堤岸和壕沟

战争时期的避难所。公元前一千纪下半叶，以有组织的劫掠队和武士团伙为形式的战争绵延不断，尤其是在英格兰南部。

公元前 450 年的蛮族世界

公元前 800 年左右，铁开始在蛮族世界得到普遍应用。虽然在制造精美装饰品方面，它没有取代青铜，但它既可用于生产用具，又可用于打造锋利的武器。铁不需要铜和锡那样的采购运输成本，它的生产给那些迄今不那么幸运的社会提供了一条通往经济成功的新道路。

公元前一千纪中叶，欧洲许多地区的一个中心主题是对优质商品的获取和社会复杂性的四面开花。我们可以在波兰北部比斯库平那样的湖畔村庄、中欧贪婪的精英的"王子住所"，以及用于交换奢侈品的盐在奥地利阿尔卑斯山的大规模生产中看到这一点。这些活动中，许多都直接或间接地作为与地中海世界尤其是希腊贸易基地的联系的一个结果而出现。从一个角度看，希腊人利用欧洲温带地区居民对奢侈品的欲望来获得地中海地区缺乏的原料、产品和奴隶。另一个角度的观点是，蛮族里的精英像拉一把廉价小提琴一样摆布希腊人，给后者运去大批自己拥有丰富数量的商品，换回昂贵的外来货物，也许这两种观点都有一定的道理。

第 4 章

罗马人遇上铁器时代晚期

公元前最后几个世纪，蛮族世界继续发生变化。这一时期的政治和社会结构促进了一种名为拉登风格的优秀艺术形式的繁荣，促进了市民生活在大型要塞城镇的集中。在不列颠岛，公元前一千纪中叶发展起来的山上要塞越来越大，人口越来越多。北欧各地，湿地和湖泊在仪式目的上的使用越来越复杂，人类也被包括在祭品中。最终在西欧，罗马这个强大国家的侵入极大地改变了蛮族世界。

我们可以将公元前一千纪下半叶和公元一千纪初期称作铁器时代晚期（High Iron Age）。[1]现在，从阿尔卑斯山到北极圈，从大西洋到乌拉尔山脉，不光是精英，就连边远乡村的居民都感觉到了过去三个千年的技术进步和区域间贸易的往来。铁器时代晚期是由普通农民、熟练手工业者、武士团体和权势显赫的仪式首领与政治首领组成的一个神秘世界。

拉登装饰风格

19世纪50年代，阿尔卑斯山一带的湖面下降，露出第1章描述的木桩屋遗址。同一时期，一个包含各种剑、鞘、盾和装饰品的铁器时代仪式物品埋藏地在纳沙泰尔湖（Lake Neuchâtel）北端的拉登被发现。因为它们独特的装饰，这个遗址的名字被用于描述西欧公元前最后几个世纪的装饰风格。拉登风格以优美的曲线主题为基础，经常采用藤蔓和树叶，以及几何图案和程式化的人和动物形式。随着时间推进，它越来越抽象，越来越流畅。拉登风格的装饰主要表现在青铜或金银制品上，它们的不同形式提供了文化和时间标记。

图 31　来自法国瓦兹河畔欧韦（Auvers-sur-Oise）的拉登装饰风格的镀金青铜盾牌饰扣，保存于巴黎的法国国家图书馆（Bibliothèque nationale）徽章陈列馆（Cabinet des Mèdailles）

学者认为拉登风格在技术复杂性、表现力和美感方面颇具艺术性。它的灵感来自古希腊艺术尤其是它的"东方化"阶段，以及伊特鲁里亚设计的风格元素。这些在公元前一千纪下半叶沿着翻越阿尔卑斯山的贸易路线到达蛮族世界。欧洲温带地区的工匠接受了地中海的样式并且扩展了它们，就像爵士乐手在一个旋律上即兴创作，让创造性和技术知识将他们引向新的方向。

区域性的拉登风格很快发展起来。其中最出色的当属不列颠群岛的"英国和爱尔兰艺术风格"。在盾牌上、镜子和装饰品背面，英国和爱尔兰的工匠采用了欧洲大陆艺术主题，将它们完善成以填充为强调的抽象的卷须和涡卷装饰。虽然罗马对高卢和英格兰的征服导致拉登风格在这些地区的衰落，公元后前几个世纪，它依然在爱尔兰和苏格兰繁荣兴盛。最终，它被转化为伟大的彩色稿本和其他装饰艺术。《凯尔经》（Book of Kells）里的奇异动物和传统爱尔兰装饰里的"凯尔特"结（"Celtic" knot）就可以追溯到公元前最后几个世纪的拉登风格。

篱笆围起的农庄

在蛮族世界各个地区，大部分人一直生活在小农庄里。在斯堪的纳维亚南部，许多聚落由围在一道公用篱笆内的一群农庄组成。[2]

篱笆的作用既是功能性的，也是象征性的。功能方面，它们在生长季节保护菜园，防止牲畜糟蹋，在冬季关住圈在房子一头的动物。象征方面，它们反映共用围栏的家庭间的社会认同。农庄并非聚集在一起，因此篱笆也围绕着它们蜿蜒而建，偶尔被入口打断。

北欧的房屋主要是"三走廊"的长屋，有两排内柱和枝条、泥灰与草根土筑成的外墙，长 15—30 米（50—100 英尺）。公元前 200 年左右，丹麦的格伦托夫特（Grøntoft）包含了九座长屋和一所谷仓。公元 1 世纪，格伦托夫特附近的霍泽（Hodde）有多达 27 所房屋，其中一些就位于篱笆外。一个趋向聚落中心的类似倾向可见于荷兰。那里的青铜时代和铁器时代早期聚落特征被描述为分散的和"游离的"[3]，意指农庄不是在原址重建，而是被抛弃并迁移到一段距离之外。然而到铁器时代晚期，农庄开始聚集到一起并且得以重建，表明了数代人的重复居住。[4]

在不列颠群岛，圆屋继续作为标准建筑，直径从 5—15 米（16—50 英尺）不等。枝条和灰泥墙（北部和西部也有石墙）上盖着锥形斜面屋顶。每个社区由几所屋子组成，考古细节上，地区间各不相同。与欧洲大陆一样，篱笆和围栏划分出农庄界线，构成了社区空间。在英格兰西部，对格拉斯顿伯里（Glastonbury）和米尔（Meare）的湿地聚落研究已经超过了一个世纪。[5]在格拉斯顿伯里，超过 40 所房屋被发现，在这个聚落于公元前 50 年左右被弃前，多

图 32　汉普郡巴瑟尔古农场（Butser Ancient Farm）还原的铁器时代圆屋

达 14 所房屋在任何时候都有人居住。[6]

尽管铁器时代晚期的经济是农业与放牧的混合，牲畜依然特别重要。它们不仅提供了肉、奶和皮革，还作为财富和积累的基础。公元前最后几个世纪，社会的进步与人们拥有牲畜这个事实紧密相关。它让人们得以参与和地中海的产品进口相联系的消费经济，并且最终促成了货币制度在西欧的采用。

权力分化

许多年来，学者认为，古代社会从平等社会关系的早期阶段开始，经过层级越来越多的日益等级化的结构向前发展。在等级制度下，高层级的决定影响低层级，而权力结构则清晰地指向一个最高领导人。不过即使有相当多的社会差别的证据，我们也难以将铁器时代晚期纳入这样一个文化进化的图谱。

相反，蛮族世界的社会结构更接近一种可称为"权力分化"（heterarchy）的状态。[7]在这种状态下，有各种各样的途径可以获取地位、权力和影响力。家庭、氏族、部落和其他社会单位间的关系同样复杂，但不像等级社会那样层级分明。权力的行使和遵从并不固定，随形势而变，长远来看可能更不稳定。

权力分化的制度不意味着没有领导人。通过财富和地位来获取权力的欲望一直是有此倾向的个人的动力。这一制度仅仅意味着领导人只有一定程度的权力，而不是权力无边的最高领导，并且个人和社会还从其他来源获得适应不时之需的权力和影响力。祭祀仪式需要祭司（也许是恺撒描述的德鲁伊特）沟通凡人和神祇，而军事行动则由战功卓著的人领导。

　　证明权力分化的存在很难，但罕有证据证明集政治、仪式和军事功能于一身的最高领导人的存在，考虑到这一点，应该将权力分化看成一种可能性。铁器时代晚期，罗马人遇上蛮族群体时，无法将后者与自己对文明社会应如何运行的理解对上号，将社会结构的特征描述成权力分化解释了这种情况是如何发生的。蛮族社会虽然复杂，但在容纳社会地位异同，以及在众多个人间分配权力的能力上不同于罗马社会。

步　道

　　北欧的沼泽是移动的障碍，不光对人员，对马车和牛车尤其如此。沼泽地区的史前社会修筑了随时间推移而日趋复杂的木质"步道"。[8] 它们保存在浸水的泥炭里，在人们切取泥炭做燃料或排水时被发现。公元前最后几个世纪的重要步道发现于德国北部和与之毗邻的荷兰一些地区、德国南部费德尔湖等湖泊的湖盆及爱尔兰。

朗福德郡（Co. Longford）的科利亚古道长逾 2 千米（1.25 英里），是爱尔兰境内被研究得最透彻的步道之一。[9] 这是一条橡木板铺成的路。最长达 10 米（33 英尺）的橡木或桦木在沼泽表面被排成轨道，约 4 米（13 英尺）长的橡木板铺在轨道上。穿过木板两头的洞打下的桩将木板固定住。修筑这些步道需要砍倒橡树，劈成木板，运到工地，再一块接一块铺起来，它要求协调一致的行动。据估计，做出 6000 块木板及相应的轨道和其他部件需要约 400 棵树，获得这么多树则需要砍倒 25 公顷（62 英亩）树林。根据树木年轮年代测定，

图 33　重建的爱尔兰朗福德郡科利亚沼泽（Corlea Bog）里的铁器时代步道

我们得知这些木材砍伐于公元前 148 年。尽管科利亚古道长度刚过 1.6 千米（1 英里）[1]，但它是穿过爱尔兰中部泥炭地的一条东西大通道的枢纽。

步道的修筑本身也许与它们的使用一样重要。科利亚的木制容器表明修筑队伍得到饮宴的激励。将沼泽用于仪式活动的做法也在多地存在。人们在爱尔兰各地的步道附近发现了矛柄、木槌、牛轭和没用过的车轮碎片，在科利亚和德国维特穆尔（Wittemoor）则发现了被解读为人偶的雕刻。沼泽是不断变化的地形，大部分步道都难得持久，如科利亚古道就可能只用了十年或不到十年。

水、祭献和人类牺牲

仪式主义和湿地的重要性是贯穿蛮族世界叙事的不变主题。公元前一千纪期间，祭祀仪式又有了新的发展。一个是战争与祭祀的互相影响。另一个更引人注意的是在仪式上杀人和将尸体丢弃在沼泽里。

铁器时代晚期，仪式、祭祀和暴力的一些最难忘和最震撼的证据来自沼泽中的尸体——发现于北欧和西欧泥炭沼泽的数十

[1]　这似乎与前面的超过 2 千米有矛盾。一说科利亚古道有四条，科利亚 1 号长至少 1 千米，终于一座小岛。小岛另一面的古道发掘于 1957 年，长也在 1 千米左右。

具人类尸体。[10] 因为泥炭沼泽、酸性湿地的异常特征，他们的皮肤、内脏和头发得以保存下来。在这些地方，植物的生长比腐烂更快，而累积起来的未腐烂植物材料经常达到相当可观的厚度。虽然泥炭现在主要用于园艺，但过去在泥炭丰富的地方，它们被广泛用作燃料。在斯堪的纳维亚和不列颠群岛，以前是手工切割泥炭，如今，大型机器能铲下一层层压实的植物，再将其送上输送带。

尸体在泥炭里几乎可以无限期保存，直到被割泥炭的人发现或者被铲成碎片出现在输送带上。浸水的泥炭含氧很少，不含促成腐烂的微生物。然而，尸体必须很快没入水下，以防暴露在空气中时就已经开始腐烂。沼泽里的酸性水也不适合微生物生存。最后，泥炭藓（sphagnum moss）产生一种叫"sphagnan"[1]的化学物质，它不仅能延缓腐烂，还能有效地促进保存。"sphagnan"消耗尸体里的钙，让细菌没东西可吃；它还是一种鞣剂，这就是沼泽尸体的皮肤经常像深棕色的皮革，而骨头则变形甚至缺失的原因。最早有记录的沼泽尸体发现于18世纪，但被误认为是那个年代淹死或冻死的人。之后，考古学家认识到这些是史前尸体。20世纪，许多沼泽尸体在荷兰、德国北部，特别是丹麦被发现。20世纪30年代的全球

---

[1] 一种从泥炭藓中提取的胶状聚合物。

大萧条、第二次世界大战和战后的困难时期使泥炭成为一种易于获取的廉价燃料，被用于加热和做饭。当一只手、一只脚或一颗头被发现时，考古学家常常接到通知。

1938 年，一具女尸在丹麦锡尔克堡（Silkeborg）附近的比耶尔斯考（Bjældskov）的沼泽里被发现。她年约 25 岁，头发编成一条辫子，身上包着一块绵羊皮，披一件牛皮斗篷。然而这个所谓的"艾琳女士"（Elling Woman）死得并不平静。围绕着她脖子的一道沟痕表明她是被勒死的，要么是吊死，要么是绞死，也许用的是发现于附近的一根皮条。堪称"沼泽尸体的黄金时代"就此开启。

第二次世界大战后，丹麦和德国北部的泥炭采割仍在大规模进行。1950 年，另一具尸体在距艾琳女士约 70 米（230 英尺）远的地方被发现。包含尸体的泥炭被整块切出，送回哥本哈根的丹麦国家博物馆做细致发掘。当地人称这片沼泽为"图伦"（Tollund），因此这具尸体保存极好的 40—50 岁男子被称作"图伦男子"。与奥茨冰人一样，图伦男子也成了名人，直至今日依然可能是最著名的沼泽尸体。[11]

与艾琳女士一样，图伦男子也是被勒死的。编织的皮带还绕在他脖子上。他屈膝团身，浑身上下只有一条皮带和一顶锥形皮帽。他的表情异常平静，似乎是非常从容地接受了自己的命运。吃过最后一餐大麦、小麦和亚麻籽做的粥后，他也许沿着谷底小道走向他

图 34 温德比男孩（Windeby Boy）上半身，展示在德国石勒苏益格（Schleswig）戈托尔夫城堡（Gottorf Castle）的州立考古博物馆（Archäologisches Landesmuseum）。围绕着头部的织物带子是替代原物的现代复制品

在沼泽的最后归宿。

　　1952 年是沼泽尸体的发现之年，这也许是因为泥炭切割工对尸体或肢体出现的可能性多留了个心眼。一旦发现这些东西，他们就需要通知考古学家。在德国北部温德比（Windeby）附近工作的泥炭切割工注意到了输送带上的肢体，追踪到沼泽里的一处地点。调查显示那里其实有两具尸体：一具属于一名老年男子，骨头里的钙已经完全流失（也许是因为年龄），身体被压扁；另一具保存相当

图 37 哈尔德莫斯妇女（Huldremose Woman）的躯干，皮肤保存下来，但骨头中的矿物质已经流失。我们知道她的最后一餐是黑面包

完好的尸体身上只有一条皮项圈和一片蒙在眼睛上的布条，被认为属于一名少女。她头上一边的金发被剃掉。"温德比女孩"（Windeby Girl）显然是溺死的。她曾被一块大石头和一些树枝压住。然而最近的认识又有了转变。仔细的检查揭示，"温德比女孩"也许是"温德比男孩"——一个营养不良的病小伙子。[12]

同一年，距图伦约 18 千米（11 英里）的格劳巴勒（Grauballe）的泥炭切割工发现了另一具尸体。这一次，含有尸体的泥炭块被送到奥胡斯的莫斯格史前博物馆（Moesgård Museum）[13]，格劳巴勒男子（Grauballe Man）被小心取出。他没穿衣服，俯卧着，左腿伸出，胳膊和右腿弯曲。他死时年约 30 岁，死因毫无疑问：他的喉咙被人从一边耳朵割到了另一边耳朵。格劳巴勒男子的胃里包含了 63 种植物。他的手没显示出艰苦劳作的证据，因此他很可能不是农民。不过，他有间歇性的营养逆境，有退行性脊椎病变。

20 世纪 50 年代之后，由于泥炭作为燃料的使用日益稀少，沼泽尸体的发现也越来越少。然而，20 世纪 80 年代，郊区的扩张和园艺使泥炭割取再度兴旺起来。在不列颠群岛，泥炭开采成为一大行业。1984 年，曼彻斯特（Manchester）市外的林多沼泽（Lindow Moss），一家泥炭厂的一名工人将一块泥炭抛向一名同事。泥炭块落地时，一只人脚支了出来。你可以想象那一刻的画面。尸体的更多部分还留在切割地。这是个约 25 岁的男子，高 1.7 米（5 英尺 6

英寸），留着络腮胡和八字胡，浑身上下仅一只胳膊上有一根狐皮带子，修剪整齐的指甲表明他过着不需要体力劳动的生活。林多男子（Lindow Man）死于多次致命伤害：脑壳上被砸了两下，脖子被勒住。为确保他已死，他的喉咙被割开。[14]

与 1952 年一样，2003 年也是发现沼泽尸体较多的一年。这一次是在爱尔兰。距科利亚古道不远，相距 40 千米（25 英里）的两具尸体在爱尔兰中部的沼泽地被发现：米斯郡（Co. Meath）的克洛尼卡万人（Clonycavan Man）和奥法利郡的古克洛根人（Oldcroghan Man）。[15] 古克洛根人个子很高，约有 2 米（6 英尺 6 英寸）。与格劳巴勒男子和林多男子一样，他光滑而且指甲修剪整齐的双手表明他不常做体力劳动。虽然他的最后一餐与丹麦的许多受害者一样是谷物和奶做的粥，指甲却表明他的食谱里肉食很丰富。他死于公元前 362—前 175 年。克洛尼卡万人则非常矮，身高仅 1.57 米（5 英尺 2 英寸）。放射碳年代测定指出，他死于公元前 392—前 201 年。他的头发保存极好，而且抹过一种松脂凝胶。这种头油来自只生长于西班牙和法国西北部的松树，反映出沿着大西洋海岸线的远距离联系。

与通常的主题一致，克洛尼卡万人和古克洛根人都是横死，但他们的死法比单纯的绞杀要多一点想象力。克洛尼卡万人死于砸开脑壳的三次重击及一次斧钺加身，后又被掏出内脏。古克洛根人身上绑着从两只上臂穿过的榛木条，接着又被刺胸，砍头，腰斩。两人的乳头都被挖掉了。

最后一个事实引起了考古学家的兴趣，因为在古代爱尔兰，吸吮国王乳头的做法是一种臣服的表示。爱尔兰国家博物馆的内德·凯利（Ned Kelly）认为，这些人要么是倒台的国王，要么是失败的王位觊觎者，而挖去乳头意味着让他们再也不能成为国王。[16] 不管这一理论是否解释了这些以及爱尔兰其他几具沼泽尸体的可怕死亡，他们是社会精英而非普通农牧民的代表似乎是可能的。

我们不知道这些牺牲的动机，对泛神论社会的类比只是猜测。我们对凯尔特神祇有些了解，但如果有神祇要求了这样的牺牲，又是哪一个呢？这些受害者是心甘情愿，还是受到胁迫？目前，我们只能不掺杂感情地看待这些可怕的举动，将它们看成铁器时代生活的一个事实与极好的信息来源，就像奥茨冰人继续提供关于他生活与死亡的启示那样。

与奥茨冰人一样，沼泽尸体提供了铁器时代北欧人的一个方面，尽管是一个非典型的方面。当他们侵入高卢、不列颠和德国时，罗马人遇上了这些民族。后者的意识形态和价值观导致他们做出这样的祭祀杀戮，并将湿地和沼泽看成神圣仪式的举办地。虽然这些杀戮似乎很残忍，但却是惯常做法。铁器时代的普通人也许对此麻木不仁或将它们看成跻身精英阶层的代价。然而它们是一个将神祇与特定地形特征联系起来的世界的象征。这样神圣化了的地形肯定已经存在了数千年，但在铁器时代晚期随着人类也被埋藏而达到其意义的巅峰；尽管我们不知道他们被奉献给哪一位可怕的神祇。

水、祭祀和战利品

铁器时代的斯堪的纳维亚南部，约在同一时期，战利品也开始在祭祀奉献中扮演了一个角色，这一点增加了沼泽尸体是祭祀牺牲品这一观点的可信度。除了湿地的圣礼特性外，蛮族的另一主题——穿过水域的移动——再次浮出水面。这一活动的一个早期例子是丹麦阿尔斯（Als）岛上的约特斯普林船。

在约特斯普林这一小片沼泽上，19 世纪的泥炭挖掘人发现并且损坏了一条巨大的木船。直到 20 世纪 20 年代，这条船才被发掘出来。除木船碎片外，考古学家还发现了数以百计的武器、动物骸骨和木制品。1987 年的进一步发掘寻出了更多木船碎片。对新发现碎片所做的放射碳年代测定指出，约特斯普林船年代为公元前 350—前 300 年，比预计更早。[17] 这条船从头到尾有 19 米（62 英尺）长，有一块底板，两侧各一块长长的列板延伸形成了上翘的船首。椴木板组成了船壳。船内部为 13 米（43 英尺）长，宽不到 2 米（6 英尺），

10 根横梁形成了座位。假设横梁上 20 名桨手，一两名舵手，可能还有一个观察的，约特斯普林船的船员总数可能达到 22—24 人。他们可以轻松抬起它，平底则让它可以驶上沙滩或滑过沙洲。它的整体结构与几个世纪前的青铜时代的程式化石刻相呼应。

约特斯普林船不是随随便便被丢弃的。相伴的物品将它标记为丹麦最早的一次大规模祭祀武器考古发现。这些武器大部分是矛枪头，138 支铁制，31 只骨或鹿角制。一些插口里还留着折断的梣木柄残片。约特斯普林埋藏物里还有 11 把剑，其中两把被故意折弯。总计近 80 块木盾有椭圆形的，有长方形的，宽度不一，每块中央有一把柄。在木船一头，许多小铁环的锈迹代表了欧洲最早的锁子甲的痕迹。根据它们散布的面积，估计与船一起丢弃的有 10—20 套锁子甲。

约特斯普林船被解读成胜利者献出的祭品。假设敌方是乘船来的，这条船和那些武器就很可能是战败一方的装备。克拉夫斯·兰德斯堡（Klavs Randsborg）计算了盾和矛的数量，指出了这是一支约有 80 名战士的部队。[18] 如果一条约特斯普林类型的船可以乘 20—24 名战士，那么这些武器代表了四船人的装备。暴力是蛮族世界面临的持续威胁，但是现在，他们需要对付由全副武装的战士组成的袭击队伍。这些偷袭者从雾中冒出来，将船拖上岸，再攻击农庄和村庄。然而，阿尔斯岛的居民似乎也是称职的战士，因为

那些偷袭者显然没落到好下场。祭献出武器装备被认为比留着将
来使用更重要，这一点表明强大的精神力量控制了铁器时代晚期
人的生活。

图 36　哥本哈根的丹麦国家博物馆还原的约特斯普林船

图 37 约特斯普林的木盾

城镇

公元前最后三个世纪，另一波聚落由分散趋向集中的过程席卷了蛮族世界。这些大的聚居地被称作"城镇"（oppida，单数为oppidum）。尤利乌斯·恺撒在《高卢战记》（*De Bello Gallico*）中用这个词表示有堡垒的原住民聚落中心。尽管一些城镇，如巴伐利亚的曼兴（Manching），建在平地上，但它们通常坐落在小山顶、高原或其他战略要地。许多城镇建在已经用于仪式聚会或大型开放聚落的地方，另一些则建在新地址。一些情况下，居民会丢弃一个没有堡垒的聚落，搬到附近的一座新城镇。

　　从外面看，城镇可通过它们的堡垒来识别。在西欧以及东至曼兴的地方，城镇的围墙用一种恺撒称作"法国墙"（murus Gallicus）的技术修筑。间隔 3—6 米（10—20 英尺）的外围石墙用水平和垂直放置的厚重木料连成一体。墙之间，沿墙体走向的长木料用铁钉钉在十字木上。最后，在墙之间和木料周围的空间填上石头和泥土。最终建成一道结实而又防火的围墙，背后常常还有城镇内侧的一道土坡让防守者可以爬上墙顶。供人进入内部的大门常常直接通向主干街道。

　　除居住功能外，城镇还是奢侈品生产中心和贸易网络的枢纽。这些贸易网络将意大利作坊和葡萄园的产品带到欧洲温带地区。精英、平民社区和工业区的内部区分让它们具有一些人认为的城市特征。巨大的尖桩栅栏围起上等人的农庄，这些农庄里有大房子和附房，手工业者和农民则在小一些的房子里生活和工作。街道标出了活动的路径，构成了城镇的内部组织结构。城镇还有作为部落政治中心的管理功能。贡赋和通行费在这里收集，铸币厂生产钱币；它们还是政府和法律机构所在地。

　　对城镇的城市特征，考古学家们看法各异。从它们是居住、市场、工业、行政和仪式功能的结合来看，它们显然不同于山上要塞。同时，它们较低的居住密度也不同于严格意义上的现代城市的概

图 38　比布拉克特（今伯夫赖山）重建的大门显示了"法国墙"结构

念。城市规划专家谈及"密集的"和"分散的"城市，城镇似乎更接近后一分类。也许，"堡垒城镇"（fortified town）是目前最恰当的描述，"城市"一词则应留给更大、更密集和更持久的结构。要不是恺撒侵入高卢，许多城镇也许会成为西欧各地城市的核心而不是孤零零的废弃堡垒。

比布拉克特

比布拉克特（Bibracte）地处要冲，位于索恩河（南达罗讷河及地中海）和约讷河（Yonne，流入塞纳河和英吉利海峡）间的陆路运输线上，是一座典型的高卢城镇。今天，这座围在两道"法国墙"堡垒内的小山顶被称作伯夫赖山（Mont Beuvray）。它的外墙围起约 200 公顷（500 英亩）的土地，内墙围住约 135 公顷（333 英亩）。这些堡垒太长，防不住从多个地点发起的进攻，因此它们的主要目的是炫耀。

比布拉克特兴建于公元前 2 世纪后期，公元前 1 世纪的大部分时间中这里都一派繁荣。专门的青铜器和铁器制造区沿主干道排列，在那之外是居住区。比布拉克特还是一个消费中心，出土了成千上万只双耳意大利葡萄酒罐，有一段路上则铺着双耳酒罐碎片。这种葡萄酒消费的证据进一步证明，早在罗马入侵前，罗马和高卢间就有了大规模贸易往来。

恺撒的征服战争及其后果让比布拉克特从史前历史中消失，成为历史。公元前 52 年，维钦托利（Vercingetorix）在这里聚集起一个部落联盟，宣布起义反抗罗马。当年 9 月，恺撒在阿莱西亚（Alésia）打败维钦托利。之后恺撒来到比布拉克特，用了公元前 52—前 51 年的冬天撰写他对高卢战争（Gallic Wars）的描述。他记叙了当地社会的运作，包括行政长官的选举、大会的组成，也记录了对旅行者的收费等收入来源。

公元前 1 世纪中期之后，比布拉克特兴建了相当多的公共和私人建筑，包括地中海风格的房屋，它们有院子和一个罗马式的长方形廊柱大厅。一座火化墓地位于堡垒外。虽有这些投资，比布拉克特依然在公元前1世纪末衰落，这里的居民搬去了27千米（17英里）外的奥古斯托杜努姆［Augustodunum，今欧坦市（Autun）］。

罗马人遇上蛮族

从公元前1世纪起，讨论蛮族世界而不提到罗马人是不可能的。这不仅是因为罗马军队征服了西欧大部分地区，而是就连居住在离罗马帝国边境之外很远的人都感觉到了罗马的存在。罗马对高卢和不列颠南部的征服改变了这些地区的原住民社会，导致了蛮族世界的收缩。生活在罗马统治下的蛮族成了罗马世界的一部分。

罗马人对高卢和不列颠的蛮族而言并不陌生。公元前最后几个世纪，活跃于整个地区的罗马奢侈品和葡萄酒的贸易蓬勃发展，这一点在比布拉克特和其他城镇显而易见。在罗马人于公元前3世纪征服意大利北部，以及公元前2世纪控制了今普罗旺斯［“Provence”一名得自曾为罗马行省（province）的事实］后，他们不仅到了蛮族世界大门口，而且已经进了门厅。恺撒北伐始于公元前58年，这一军事行动在已经遍布罗马物品和文化习俗的地区建立了罗马军事占领和行政控制机构。

接触与"罗马化"

罗马征服西欧蛮族带来的影响一直是学者争论的话题。罗马人有能力将许多不同民族拼成一幅复杂的文化大拼图。从罗马人的角度看，正如古典作品中一直宣称的，他们的文明强烈影响了认可罗马制品和习俗优越性的当地蛮族。

另一种观点更侧重于人类学并且符合对考古记录的解读。它认为当地精英采用了罗马的一些做法，如住在罗马风格的城镇里，说拉丁语来强化自己的地位。然而这些观点简单化了公元前 1 世纪和公元后几个世纪罗马社会与蛮族社会错综复杂的融合。

除了在罗马征服战最初几年的战场上外，一个简单的罗马—原住民二元分割并不存在。罗马的军事力量是实实在在的（尽管不是无敌的），随之而来的是罗马的文化控制。这两者都不像人们从传统描述中可能推断出的那样令人窒息。与摇摆不定的政治和军事同盟一起，新的趋势和实践在意大利的罗马腹地发展起来，并且为各行省的罗马人和原住民所采用。天长日久，这种文化转移成为双向交流，蛮族的制品和习惯甚至蛮族本身都融入了罗马社会。据此，人们在很大程度上抛弃了原住民的"罗马化"这一概念，更倾向于承认这一互相影响要复杂得多。

为最近几个世纪的人所熟悉的地区征服中，征服者常常摧毁当地的统治集团，在所有层次上强加自己的统治。我认为，由于铁器时代晚期社会的权力分化结构，罗马人在西欧却做不到这一点。因为蛮族世界的多重权力结构和领导结构，罗马人只能保留本地精英，与他们合作，通过军事占领和对应的罗马官员行使权力。只要当地人像罗马人来到前所做的那样继续管理自己的事务，同时服从罗马帝国的权威，支付税款，这种保护人—受保护人的安排就可以有效运行。受保护的王朝代代延续，又为冲突和阴谋所牵制。如有必要，罗马人可以用武力挑出一个赢家。

罗马人在高卢和不列颠

直到公元前 1 世纪中叶，蛮族世界与地中海文明仅有的少数联系主要还在商业领域，或者通过蛮族的迁徙来建立。他们向南进入与古典城邦世界有松散融合的地区。尤利乌斯·恺撒率领的罗马军队向北进入高卢，向西进入阿尔卑斯山，这些入侵标志了蛮族与地中海文明间关系的改变。罗马人不再满足于仅仅用葡萄酒和奢侈制品来换取奴隶和皮革，他们想要蛮族的土地。恺撒征服高卢、进攻不列颠，以及他与原住民的纷争广为人知，这些故事不仅来自他自己的描述，也来自其他古典作者的作品。这些叙述通常得到了考古证据的支持。考古发现填补了与恺撒所遇社会有关知识的空白。城镇在这一故事中扮演了中心角色。罗马统治并没有在一夜之间改变蛮族社会，但在随后几十年里，高卢原住民采用了罗马生活方式，从而从史前转入了历史的篇章。

虽然恺撒将他公元前 55—前 54 年对不列颠的远征描述成对未知世界的初步探索，但这实际上意在宣扬他很勇敢。罗马人很早就知道不列颠，而不列颠人也知道他们南面发生的事情，还知道他们可以从高卢得到来自地中海世界的好东西。

英格兰南部有一个名为亨吉斯特伯里角（Hengistbury Head）的砂岩海角，埃文河与斯陶尔河（Stour）在海角附近的海滨会合。[19] 亨吉斯特伯里角庇护着一座良港，地势突出，一艘从布列塔尼北上的航船的领航员很容易就能认出它。到公元前一千纪末，它已经是一个确立了几千年的地标，自石器时代和青铜时代的聚落在那里建立起就一直存在。

约公元前 100 年，亨吉斯特伯里角的港口成为运输从欧洲大陆进入不列颠南部的货物的一座主要贸易港。在那里发现的硬币和陶器可以追溯到古代阿莫里凯（Armorica，布列塔尼北部）地区的特定地址。通过亨吉斯特伯里角的货物包括双耳酒罐装的意大利葡萄酒、金属制品、玻璃和无花果。这些产品被用于交换英国产品，包括谷物、金银铜铁，可能还有皮革。含铁的石块在亨吉斯特伯里角本地开采、熔化。亨吉斯特伯里角的发现表明，因为地中海葡萄园和作坊的产品在英吉利海峡对面的需求，欧洲大陆和不列颠群岛的繁荣商业联系在恺撒征服高卢前就已存在。

恺撒在公元前55—前54年对英格兰南部的短暂入侵打断了通过亨吉斯特伯里角的贸易网络，中断的原因尚不完全清楚。公元前1世纪下半叶，欧洲大陆和不列颠间联系的主轴转而东移，从法国东北部和比利时转向肯特郡（Kent）和泰晤士河（Thames）河口。[20] 罗马商人在英格兰东南部开设商店，做橄榄油和鱼油、葡萄酒、餐具、玻璃碗和优质金属制品生意。除物品外，同样到达不列颠的还有高卢和比利时的习俗，包括在欧洲大陆使用的火化葬礼。

不列颠此时尚属不受罗马军事和行政控制的蛮族世界的一部分。公元前1世纪后期和公元1世纪初，罗马人扶植英格兰南部统治部落小国的蛮族精英，将他们置于罗马的保护之下。蛮族领导若陷入政治困境，偶尔也会逃到英吉利海峡对面去寻求罗马的保护。渐渐地，从公元前54—公元43年，不列颠南部被拉进了罗马世界。

公元43年夏，罗马人最终作为一支军事力量来到不列颠。四支军团带着辅助部队大概在肯特郡的数个地点登陆。到公元43年冬，罗马人通过控制在后来成为罗马城镇的卡姆洛杜努姆［Camulodunum，即科尔切斯特（Colchester）］与维鲁拉米恩［Verulamium，即圣奥尔本斯（St Albans）］的部落首都，在肯特郡及泰晤士河下游一带获得一个立足点。随后几年里，罗马军队向西向北进攻梅登堡这类当地据点。控制友好的受保护国王相对简单，但在其他地方，他们遭到了抵抗，尤其是在西部。到公元 49 年，罗马军队已经管理起布里斯托尔海峡（Bristol Channel）附近门迪普丘陵（Mendip Hills）的银和铅开采，对相关海域的控制也让他们染指了英格兰南部沿海港口的使用。

日耳曼尼亚的罗马边境

罗马人用特定的名字来表示莱茵河沿线及以东的蛮族世界：日耳曼尼亚（Germania）。作为对高卢征服的一部分，恺撒将莱茵河西岸地区并入罗马帝国，称为小日耳曼尼亚（Lesser Germania）。小日耳曼尼亚分为两个行省：下日耳曼尼亚（Lower Germania 或 Germania Inferior），对应比利时、荷兰、卢森堡诸国和莱茵兰地区（Rhineland）；上日耳曼尼亚（Upper Germania 或 Germania Superior）则覆盖了今阿尔萨斯（Alsace）和瑞士西北部地区。过莱茵河一直向东延伸的地区为大日耳曼尼亚（Greater Germania 或 Germania Magna）。尽管大小日耳曼尼亚间的边界互相渗透，恺撒在征服期间却从未越过莱茵河。相反，他培育出与不列颠精英的关系类似的与受保护国王和王朝的关系。大日耳曼尼亚的蛮族军阀隔着莱茵河与

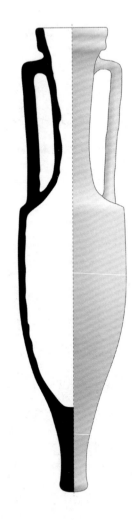

图 39 罗马德雷塞尔 1B 型双耳葡萄酒罐（Dressel 1B amphorae）剖面图。这是公元前一千纪发现于高卢和不列颠的最常见类型之一

罗马政权建立了良好的关系，他们的子民不仅与罗马占领区进行贸易，还采用了罗马的文化习俗。一些人在罗马军队服役，开启了一项在几个世纪后达到高峰的传统。

受保护的国王和军阀

在高卢和小日耳曼尼亚，罗马政权没有取代当地精英，而是凌驾于他们之上。罗马人可以通过军事力量将自己的意愿强加于人，因此当地领导不敢违抗他们。罗马人还利用了蛮族之间弹性极大的部落联系来操纵和重构后者的种族身份。

作为这类自上而下的重构的一个例子，荷兰考古学家尼科·罗曼斯（Nico Roymans）描述了罗马帝国对边境地区被征服民族政策的三个方面，特别提到公元前 50—公元 70 年的下日耳曼尼亚。[21]在这一地区，罗马人无情地摧毁了抵抗或反叛的部落，如厄勃隆尼斯人（Eburones）和阿杜亚都契人（Aduatuci）；通过帮助从大日耳曼尼亚渡过莱茵河的团体重新定居，创立了新的部落政治体，如巴达维亚人（Batavians）和乌比人（Ubii），并且培养了新的部落作为外族士兵。作为帝国兵员补充的巴达维亚人，就相当于作为英国陆军外族作战部队的尼泊尔的廓尔喀人（Gurkha）。

罗马的统治还为占领区及邻近地区的蛮族精英提供了社会流动策略。一些人以罗马人为靠山，欢迎新主人，做受保护的良民，通过贸易和当兵赚钱。另一些人通过煽动叛乱和阴谋，反抗占领者，将反罗马主义作为进身之阶。显然后者是个危险性极高的策略。如我们将在下面阿米尼乌斯的例子中看到的，一些当地人试图两面沾光。公元前最后几十年和整个公元 1 世纪，罗马帝国在边境地区的政策是摇摆不定的殖民、压迫、与当地王朝合作和害怕反叛的混合。罗马政权之下是蛮族精英争夺各自政体内的领导权和名望的钩心斗角。

莱茵河另一面的败局

公元前最后几十年与公元初几十年，罗马军队几次出击莱茵河以远地区。通过古典作者及近年来的考古发现，我们对这些活动有所了解，但也有可能，更多这类冒险没有记录下来。虽然最终征服可能是一个战略目标，但这些远征不是为占领领土。相反，它们当时的目标是炫耀罗马武力，吓服蛮族部落。它们的另一个目标是与温顺的蛮族政体的精英建立良好关系。

这些远征类似于 16 世纪的西班牙人行军穿过今美国东南部地区。在这些行军中，一群群全副武装的职业士兵深入了密西西比（Mississippian）部落控制的地区。其中最著名的德索托远征（de Soto Expedition 或 de Soto entrada）从佛罗里达开始，采用了一条穿过南部大部分州的路线，渡过了密西西比河（Mississippi），最终从得克萨斯沿海撤出。德索托远征没留下多少实物痕迹，但人们从当时的描述及与考古遗址的联系中还原了它的路线。它似乎与 1500

年前罗马人在大日耳曼尼亚的远征类似，尽管后者经过的距离更短，并且穿过的地形也是罗马人越来越熟悉的。

　　进入大日耳曼尼亚的前几次远征由奥古斯都[1]的继子德鲁苏斯（Drusus）领导。公元前 11 年，他渡过莱茵河，行军至威悉河（Weser）。威悉河于现代城市不来梅（Bremen）附近注入北海（North Sea）。他的一所军营建在上阿登（Oberaden），年轮年代测定表明那里的木材砍伐于公元前 11 年夏末或秋季。²² 德鲁苏斯的远征招致了当地部落的敌意，他只能边战边撤，退回了莱茵河。两年后，德鲁苏斯一路行军到易北河。这是莱茵河对面又一条向北流淌的大河。这一次远征的执行更为坚决，但到达易北河后，德鲁苏斯转身返回莱茵河。回程路上，他从马上摔下，伤重不治。德鲁苏斯的远征没能提供可资后方的罗马炫耀的宣传，对扩张罗马的统治也无甚建树。

　　公元 5 年，奥古斯都的另一个继子提贝里乌斯（Tiberius）从潘诺尼亚（Pannonia）北上，领导了一次通往易北河下游的作战远征，在那里与从北海来的罗马船只会合。提贝里乌斯在莱茵河以东

---

[1]　Augustus（公元前 63— 公元 14），第一位罗马皇帝，出生名盖约·奥克塔维业诺斯，又名屋大维，根据其舅公尤利乌斯·恺撒的遗嘱被收为养子，并于公元前 31 年击败安东尼获得大权，公元前 27 年被授名奥古斯都，正式成为罗马帝国的第一任皇帝。

建立了几座先头基地，其中最重要的在利珀（Lippe）河畔的哈尔滕（Haltern），距利珀河流入莱茵河的汇合处18千米（11英里）。利珀河是欧洲这一地区少有的几条东西河流走廊之一，罗马人将它视为进入大日耳曼尼亚的一条主要路线。哈尔滕很快发展成一座堡垒营地和军港的综合体。

正如美国人在越南发现的，堡垒营地控制不了周边地区。尽管如此，奥古斯都似乎认为莱茵河—易北河地区在罗马控制之下，因而将注意力转向了别处。然而，一个悬而未决的问题是，他是否有意将该地区转为一个真正的罗马行省，设立行政机构来实施诸如统计和收税之类的活动。

瓦尔德吉尔摩斯的一座罗马综合建筑似乎指向这一方向。[23] 瓦尔德吉尔摩斯深入大日耳曼尼亚，距莱茵河约100千米（60英里）。该综合体占地7.7公顷（19英亩），围绕在背靠尖桩木栅的壕沟内。但瓦尔德吉尔摩斯并非军事营地，因为它没有罗马要塞的典型布局。相反，它的建筑具有非军事特征，包括一个论坛和一座长方形柱廊大厅，房屋和陶窑标志着它是一个罗马平民社区。除了市政和家庭建筑外，罗马人还竖起了奥古斯都统治的象征——一座镀金青铜骑马雕像描绘了庄严的奥古斯都。

问题在于，它的周边地区并非由罗马人控制。相反，公元一千纪初，莱茵河与易北河之间的地区是小型政治体、受罗马影响不一

图 40　德国拉瑙（Lahnau）瓦尔德吉尔摩斯（Waldgirmes），重建的奥古斯都塑像

的统领和国王、军阀以及易变同盟的大杂烩。换句话说，它是让罗马人一头雾水的铁器时代晚期典型的权力分化结构。因为罗马人似乎不愿像他们在高卢所做的那样，凭借压倒一切的军事力量征服大日耳曼尼亚，该地区依然是复杂的边缘区域，既令人垂涎，又神秘莫测。

普布利乌斯·奎因克提里乌斯·瓦卢斯因与奥古斯都有点儿姻亲关系，长期担任罗马行省长官。公元 7 年，他成为莱茵兰总督。两年后，他率领三个军团约 2 万人，加上辅助部队，跨过莱茵河远征。返回时，瓦卢斯得知一场针对一个受罗马保护之人的叛乱，决定去镇压。为赶到那里，他走了一条不熟悉的路线，沿现代城市奥斯纳布吕克（Osnabrück）以北，今称条顿堡林山的山区北侧进军。

读者必须时刻记住，书面材料是几十年甚至几世纪后编撰的。根据这些材料，瓦卢斯从一个叫阿米尼乌斯的受罗马保护的人那里得知了关于叛乱的消息。阿米尼乌斯是一个走出蛮族世界而进入历史的有趣人物。他是生活在威悉河下游的切鲁西人（Cherusci）的社会精英成员。切鲁西人似乎对罗马人爱恨交加，有时是其盟友或受保护人，有时又是死敌。出于这模棱两可的关系，阿米尼乌斯在潘诺尼亚的一支罗马辅助部队服役。但回到大日耳曼尼亚后，他又憎恨罗马人，悄悄鼓动起一个反对罗马人的部落联盟。

瓦卢斯走的这条路要穿过覆盖着森林和沼泽的陌生地形。他的军团进入了一条狭窄的隘路，南面是一座名为卡尔克里泽（Kalkriese）的小山，北面是一大片沼泽。这是个大错误。罗马的装备和战术是针对有机动空间的干燥地区发展起来的，罗马军团不惯于湿地作战。而且，阿米尼乌斯和部落同胞还沿山脚建了一堵巨大的草根土墙，实际上改造了战场地形。当瓦卢斯和他的军团试图穿过这片狭窄的峡谷时，阿米尼乌斯启动了他的陷阱。

历史上没有留下随后这场屠杀的目击者描述，但瓦卢斯的军团全军覆没。即使战役遗址也是直到 1987 年才被人发现。考古学在此取代了支离破碎、互相矛盾的第三手描述。

1987 年，托尼·克兰（1946—2014）是驻扎在莱茵河的一名英国陆军军官。[24] 他还是个狂热的金属探测爱好者。在奥斯纳布吕克，他联系了当地考古学家，请教有哪些地方可以让他的爱好一展身手。意外的是，虽然考古学家当时不怎么待见金属探测爱好者，他们还是指点他去之前发现过罗马钱币的卡尔克里泽山附近的一片地区。克兰很快发现了专门使用投石器的军团士兵用过的三块罗马铅投石。他通知了考古学家同僚，后者开始了发掘，发现了成千上万件罗马武器，以及成年男子和骡子的骸骨。这些发现里有罗马枪尖、弩箭等武器和皮带上的青铜，以及金银饰物、成千上万只平头靴钉和许多不晚于公元 9 年的钱币。疑似阿米尼乌斯那场伏击的遗址被找到了。

图 41　卡尔克里泽山的屠杀：《瓦卢斯屠戮》（Varusschlacht），作者：奥托·阿尔伯特·科赫（Otto Albert Koch），1909

图 42　1987 年发现于罗马军团在条顿堡林山被伏击遗址的一堆银第纳里厄斯[1]

　　卡尔克里泽山和沼泽间地区的发现使那场屠杀及其后果的还原成为可能。美国考古学家彼得·韦尔斯（Peter Wells）将这些资源编织成一个值得一读的引人入胜的故事。[25] 那堵草根土墙的脚下是一幅尤其血腥暴力的场景。罗马战术和铠甲在蛮族从上方抛下来的重矛前不堪一击。

　　战役过后，死去的罗马人的武器和尸体被留在原地。为什么得胜的部落战士会那样做？在此，类似约特斯普林船那样的战利品献

----

[1]　Denarius，古罗马货币单位。

祭给出了一个解释。似乎该战场被当成一次武器献祭，一处巨大的仪式埋藏地。卡尔克里泽的沼泽之前曾被用于祭祀，因此它与埋伏地相邻使它成为这样一次祭祀的天然候选地。腐烂的罗马人尸体和最终的骨架肯定形成了对胜利的切鲁西人及其盟友具有重大意义的一幅可怕场景。[26]

打败瓦卢斯实际上终结了罗马将莱茵河对岸的土地转为一个行省的计划。恐慌席卷了罗马在该地区建立的军营和城镇。考古学又一次提供了细节。随着对阿米尼乌斯的恐惧席卷了利珀河谷，哈尔滕的基地很快被抛弃。一个个赭色黏土陶（terra sigillata，意大利和高卢作坊制作的细陶）花瓶被完整地留在当地。一座哈尔滕陶窑里的 24 具骨架成为一个谜。[27] 他们是罗马人还是日耳曼人？是平民还是士兵？如果是日耳曼人，他们是站在罗马，还是蛮族一边？

有人认为瓦尔德吉尔摩斯约在同一时期被抛弃。然而，最近涌现的证据表明它也许继续活跃了一段时间。[28] 一口井里出土了泡在水里的木制品，包括容器、建筑成分和梯子碎片。树木年轮表明这些梯子制作于瓦卢斯战役后不久的公元 9 年秋季或冬季。假设它们继续使用了一段时间，那瓦尔德吉尔摩斯应该又坚持了几年。但到下一个年代中期，瓦尔德吉尔摩斯无疑已经没有了罗马人，成为空城。

瓦卢斯的失败标志着罗马帝国向莱茵河以远扩张的结束。三个军团（它们的番号从未再用过）的损失刺痛了罗马。它也留下莱茵河对面直到波罗的海和斯堪的纳维亚的蛮族世界，使他们可以按自己独特的方式发展，从而永远地改变了历史进程。考古方面，罗马向莱茵河—易北河边境地区的远征让我们看到了蛮族风俗习惯的一角，对北欧其他地区的发现形成了有益补充，还填补了书面描述中没有的细节。

罗马对欧洲大陆边界外的影响

虽然罗马在大日耳曼尼亚受挫，沿着莱茵河和多瑙河的交流与接触仍在继续。在边境地区，随着当地军阀和精英对罗马货物的追捧，商业一派繁荣。公元 1 世纪，甚至在深入蛮族世界的地方都能感受到罗马的影响。生活在远至波兰和斯堪的纳维亚南部的人都感觉到某些大事正在西方和西南方发生。再一次，我们必须记住蛮族世界的联系特性。人们互相交流，小政治体的边界互相渗透，有冒险精神的商人穿梭往来。

特别值得关注的是，罗马军团装备在帝国边境以外很远的地方的发现。在波兰中部的谢米耶科夫（Siemiechów），一顶罗马头盔在公元 1 世纪的一处火化墓葬里被发现。[29] 与之相伴的是一把折成三段的长剑及其他指向德国南部起源的物品。此人是一个深入蛮族世界的真正罗马军团士兵吗？或者头盔、剑和其他物品是通过贸易来到这里的吗？还是蛮族对多瑙河沿岸的罗马军团一次袭击的战利品？或者它们是非法卖给蛮族后，沿着成熟的贸易路线被运到了北方？

迈克尔·迈耶（Michael Meyer）区分了进入蛮族世界的罗马货物和通过边境的"无形进口"。[30] 越过早期帝国边境的罗马物品的作用不是作为地位的象征，就是作为原材料。在迈耶看来，与蛮族世界"持续和直接的"远距离贸易的证据很少。一旦它们越过边境，某些特定物品就因为它们的罗马产地和真实性或因它们高超的品质，而被视若珍宝。罗马剑的品质非蛮族金属工匠的制作可比。罗马物品的使用并不表明"成为罗马人"的愿望，而是作为在蛮族社会内的地位象征。

在迈耶看来，同样重要的是蛮族采用的他所谓的"无形进口"。这些包括火化和金属加工技术、服装式样、餐桌习惯，也许还有宗教习俗以及生产和贸易组织的各个方面。例如，铁器加工中心独立于聚落建立起来，如波兰中部的圣十字山（Holy Cross Mountains）。然而，蛮族世界的某些方面依然在罗马影响所及之外。大日耳曼尼亚及以远的聚落结构依然没变，罗马建筑也未得到采用。庄稼和牲畜也没表现出受罗马的影响。例如，培育更大的罗马类型的牛的倾向就不曾在这些地方出现。

冈德斯特鲁普银锅：铁器时代晚期代表

1891 年，日德兰半岛北部的泥炭挖掘工挖到一堆弯曲的银板。它们拼在一起组成一只巨大银碗的底、侧面和边，成为考古学家熟悉的冈德斯特鲁普银锅（Gundestrup Cauldron）。[31] "锅"一词比"碗"更令人浮想联翩，但冈德斯特鲁普银锅却不是用来放在火上烧煮，而是用于展示，供所有观者钦佩赏玩的。它描绘了一个异彩纷呈的住着男女神祇和异域动物的精神世界。

冈德斯特鲁普银锅制作于公元前 150—公元 1 年，是与理解蛮族世界有关的重大主题的集大成者。几乎可以肯定，它是从丹麦来到巴尔干地区的。在技术和风格上，它与发现于罗马尼亚和保加利亚色雷斯（Thracian）诸王国的物品接近。它不是仅有的已知进口自铁器时代斯堪的纳维亚的碗。其他如来自莫斯贝克（Mosbæk）的一只装饰的碗可能原产于伊特鲁里亚、希腊或西欧。据此，过去 2000 年来，数量众多的青铜物品最后来到丹麦所经的贸易路线相当发达，以致巴尔干地区的一名银匠会制作出形象为斯堪的纳维亚人所喜爱的物品。

冈德斯特鲁普银锅由一个底面、七块外板、五块内板和一道边组成。凸起的人和动物形象是从背面压出来的。外板上显示出可解读成男女神祇和动物的奇异形象，内板上则表现了武士游行和用牛

图 43　冈德斯特鲁普银锅，显示出描绘神祇和奇异动物的板的构成。一块最出名的板在里面右侧，刻画了一个戴着鹿角头饰、手拿一条蛇的人

祭祀等活动。主题和人物的安排体现出一定程度的规划。2002 年，对这些板的拆解和检查揭示出更多雕刻的形象，包括一个吹号角的和一个狮子图案，也许是想作为雕刻图案，但从未雕出来。

　　冈德斯特鲁普银锅体现了铁器时代晚期的众多突出特征：远距离采购、精英名望、杰出的工艺和复杂的精神生活。所有这些都在蛮族世界盛行了多个世纪，但这里，它们在一件工艺品上达到了巅峰。为到达最终目的地，它行经近 2400 千米（1500 英里），穿过了各种各样的社会定居的土地，经过了危险的道路和河流。随之而来的还有对远方土地的了解，这些信息经口口相传，又在转述过程中发生了变异。它描绘的神祇生活在一个奇异的世界，这个与日常经验迥异的世界里住着与狮子、大象和蛇为伍的生物。奉献在沼泽里之前被展示的时候，它肯定是赞叹和敬畏的对象。它的拥有者绝对是他的王国的主宰。

公元 100 年的蛮族世界

到公元 100 年，由于高卢、小日耳曼尼亚和不列颠大部分为罗马帝国所占领，蛮族世界大幅收缩。只有爱尔兰、苏格兰、斯堪的纳维亚和莱茵河以东及多瑙河以北的土地还在蛮族手中。即使这些地区也受到罗马帝国影响，罗马的产品和习俗通过漏洞百出的边境，融入铁器时代精英的生活中。罗马帝国内部，流淌着蛮族血液的当地人继续着他们的许多传统做法，偶尔还拿起武器反抗占领者。

蛮族世界的权力分布于众多社会方面，这种权力分化在这一时期最为显著。这种社会结构是蛮族世界与等级社会的罗马帝国在组织方面的重要区别。等级社会具有明确界定的服从与指挥结构。蛮族世界的国王则与在贸易、作战、农业和仪式方面卓然有成的武士、祭司等人分享权力。

　　这是一个暴力的时代。一队战士可以毫无预警地突然袭来，他们坐着日益复杂的水运工具滑过水面，打完仗后再以一场大规模的战利品献祭庆祝胜利。仪式杀戮司空见惯，它们的受害者尸体出现在沼泽里。蛮族作为雇佣兵在罗马军队服役，学到它的军事实践，再转而用它对付罗马人。也许，罗马人没有做出平定大日耳曼尼亚的更多尝试，原因就是当地人学会了如何与他们作战。

　　虽然被罗马占据了大片地区，蛮族世界依然与之前一样互相联系。不列颠和欧洲大陆通过贸易和共同的风俗习惯连为一体。大日耳曼尼亚和斯堪的纳维亚也紧密联系在一起。冈德斯特鲁普银锅这类工艺品显示了它们如何在距它们进入考古记录很远的地方被打造。然而，罗马帝国正开始分崩离析，接下来几个世纪将成为动荡和变化的时代。

第 5 章

罗马帝国边境以外的蛮族

到公元 2 世纪初，罗马帝国边境的最终形式已经在某种程度上确定下来。在北方，哈德良长城（Hadrian's Wall）即将建成，横跨北海与爱尔兰海之间的不列颠北部。它将把守军沿着整条长城连接起来，成为罗马强大的一个外在符号。公元 138 年，随着安东尼墙（Antonine Wall）在苏格兰狭窄颈部的修建，尽管罗马帝国对两道防线之间区域的控制时间很短，它在不列颠的北部边境还是得到了进一步扩张。爱尔兰继续游离在罗马边境之外。虽然在爱尔兰发现了一些罗马制品，但没有罗马聚落出现的确凿证据。这倒不是说没有罗马人曾涉足爱尔兰。这座岛显然为罗马世界所知，横跨爱尔兰海的贸易则是跨越爱尔兰、苏格兰和威尔士的紧密联系的结果。公元 2 世纪，托勒密根据罗马军方材料绘制的地图中显示了爱尔兰；在根据这些材料编撰的叙述中，他也提到特定的部落，如位于今科克郡（Co. Cork）的伊佛尼（Iverni）部落。[1] 根据塔西佗记述，公元 81 年左右，罗马将军阿古利可拉（Agricola）计划入侵爱尔兰，甚至还有一个拟培植为领导人的爱尔兰卖国贼，但苏格兰的动荡延缓了这场入侵。

罗马帝国在欧洲大陆的边境很多地方依然以莱茵河和多瑙河为界。这两条河构成大日耳曼尼亚的西部和南部边界。[2] 罗马边境沿莱茵河穿过科隆［Cologne，罗马名称科隆尼亚阿格里皮娜（Colonia Agrippina）］到达美茵茨［Mainz，罗马名为莫贡提亚库姆（Mogontiacum）] 附近。从那里，边境线沿着公元 1 世纪和公元 2 世纪罗马对大日耳曼尼亚南部边缘的小规模进军形成的陆上边界 [所谓的雷蒂安边墙（Raetian Limes），即边境] 延伸，之后在凯尔海姆（Kelheim）这座古老城镇的上游不远到达多瑙河。从那里开始，边境继续向下游延伸，通过维也纳 [罗马名称文多波纳（Vindobona）]，绕过多瑙河河曲到达布达佩斯（罗马名称：Aquincum）。穿过德国南部的陆地边境非常薄弱，因此它得到守卫部队和沿峡谷、道路建造的多道岗楼的重重保卫。虽然有这些固定防御，雷蒂安边墙依然漏洞百出。公元 3 世纪后期，它们基本被抛弃，让位给一条沿莱茵河上游和多瑙河上游的边境。

边境缓冲地带

罗马帝国晚期的边境两侧都有一个缓冲地带，因此它既是边境，又是一侧延伸进罗马控制区一段距离，另一侧进入蛮族土地相应距离的一块边疆地区。在罗马一侧，边境还是混合了军团营地、平民城镇、庄园和农场以及当地村庄和农庄的要塞区域。当地人和罗马人关系紧张，但大部分时间能友好地和平共处。罗马行省的人口五色驳杂，有的是之前就生活在那里，有的是从帝国其他地区搬来的，还有许多从边境外迁入帝国区域。只要不威胁到帝国的统治，罗马的管理政策并不阻止这种迁徙。天长日久，当地人开始在罗马的管理机构内担任职务。

边境另一侧是蛮族的土地。接近边境的人非常强烈地感觉到了罗马的存在。生活在罗马控制区域和紧邻边境区域的人之前的交流极为频繁。罗马货物和罗马人本身可以相当容易地穿过防范松懈的边境。考古学家彼得·韦尔斯描述了一种"掺和"过程：与帝国国家交流的非国家社会与更强大的政体建立了经济和社会方面的紧密联系。[3] 精英们使用罗马物品来展示地位和声望，蛮族也越过边境到罗马军队服役。虽然关系紧张，时不时还有公开冲突，但根据历史学家盖伊·哈尔索尔（Guy Halsall）的说法，罗马—蛮族关系的"默认设置"是"和平共处"。[4]

接近边境的区域充斥着罗马货物，它们又从那里流入蛮族世界的四面八方。到公元3世纪，在罗马学习过的制陶和玻璃工匠就活跃在莱茵河和多瑙河蛮族一侧的边境地区。罗马产品以几种不同方式进入蛮族世界。穿越边境的贸易促进了便利商业的贸易站和商业中心在蛮族一侧边境的发展。军事袭击的战利品是武器的一个来源。罗马给受保护人的补贴和礼物、付给雇佣兵的薪水和雇佣兵带回的纪念品也是罗马货物和钱币的重要出口渠道。给受保护蛮族的礼物和补贴转化为买通敌对军阀和维护和平与安宁的进贡与报酬。罗马人预计，如果他们喂养蛮族鳄鱼的时间足够长，那条鳄鱼最终会反过来吃掉他们。[5]

　　与此同时，罗马对普通人的生活影响甚微。从铁器时代晚期起，农庄与村庄的聚落结构和耕作与动物饲养的基本技术一直没什么变化。采用罗马习俗、与罗马政权建立保护—受保护关系，以及以其他方式利用与罗马的联系来获取私利的主要是蛮族精英。

　　罗马行省的一个特征没有进入蛮族世界，那就是以承担行政、工业和仪式职能的人口集聚为形式的都市化。从诺瓦玛古斯［Noviomagus，今荷兰奈梅亨（Nijmegen）］到阿昆库姆（Aquincum，今布达佩斯），罗马都市化的例子就沿着边境直面蛮族。这些地方在公元 2 世纪和公元 3 世纪繁盛一时，成为它们所在缓冲地带的商业和行政活动的中心。蛮族并没有尝试模仿这些城市社会，他们在北欧部分地区建立的中心在结构上很难算是城市。罗马帝国边境之外的欧洲真正的都市化得等到公元一千纪晚期。

　　在罗马军队服役既是蛮族青年的一项重要的社会策略，在经济上也有利可图。德国北部各地，罗马军用物品出现在公元 1—2 世纪的男性坟墓里。[6]这些发现表明他们曾在罗马军队服役，并衣锦荣归。死后，在他们埋葬时将这一地位与尸体一起展示被看成一件重要的事。

　　除雇佣兵外，罗马人还能从蛮族那里得到什么？就大多数情况而言，蛮族的产品没有在考古记录中留下多少痕迹。这些物产包括牛、肉制品、鱼、鹅毛笔、香料、蜂蜜、蜂蜡、皮革、羊毛，甚至按某些说法还有金发少女的头发！[7] 奴隶一如既往的是重要商品，一个特别的原因是蛮族政体频繁地互相攻击，捕捉可被卖到罗马的对手。波罗的海的琥珀可以清晰地追根溯源，它们向南流往帝国边境。从考古发现来看，似乎从罗马一方过境到蛮族一方的物品更多，其实只因为罗马货物是金属、陶器、钱币和玻璃一类的耐久产品，而蛮族用来交换的是不耐久的产品。

边境地区以外的蛮族

在罗马人与蛮族有频繁交流的边境地区之外，北欧部分地区比其他地区更强烈地感觉到罗马存在的影响。公元后几个世纪，罗马产品、武器和观念深入渗透到东欧和北欧，这些通常是东欧、北欧当地人在服役之后带去的。与对爱尔兰一样，罗马文化对其他地方的铁器时代晚期社会的影响很小，尽管我们通过考古学知道一些有趣的发展还是出现了。

爱尔兰的"皇家"旧址

公元前 1 世纪和公元 1 世纪，爱尔兰充任了一个不受干扰的实验室的角色，分散的权力和精英地位从中涌现。这其中特别重要的是四处铁器时代旧址，这些以国王所在地进入爱尔兰传说和神话的地方传统上被称作"皇家"旧址。这些皇家旧址占据了地形的突出位置，考古学家则试图解开它极为复杂的建造和使用"历程"。这些旧址包括阿马郡（Co. Armagh）的纳文堡［Navan Fort，又叫艾明马恰（Emain Macha）］、罗斯康芒郡（Co. Roscommon）的拉斯克罗根［Rathcrogan，又名克鲁亨（Cruachain）］、基尔代尔郡的邓艾琳妮［Dún Ailinne，又名诺考林（Knockaulin）］和米斯郡博因河谷的塔拉。一些稍小的旧址，如蒂珀雷里郡（Co. Tipperary）的凯袖宫（Cashel），可能也有类似功能。

这四处旧址有几个共同特征。[8] 一大片高出地表的区域，高到堪称"山"，但显然不是山。它被围在一道堤岸和一道壕沟内，俯瞰着周边地区。在邓艾琳妮，围起的区域占地 13 公顷（32 英亩），在塔拉，围地内部约有 6 公顷（15 英亩）。至少在纳文堡这个例子里，壕沟位于堤岸之内，表明它没有防卫功能。这些已经是早期的仪式或丧葬活动举行地。例如，塔拉那座名字很吓人的"人质冢"实际上是一座石器时代的通道墓。旧址内部留下了多道重叠的圆形围栏的痕迹，有时它们呈"8"字形。在邓艾琳妮，这些是直径随时间流逝而增大的圆形木质结构，最大者直径有 43 米（141 英尺）。狭窄的通道和门通向它们，因此它们被解读成仪式

图44 从南面拍摄的爱尔兰基尔代尔郡邓艾琳妮的皇家旧址。山顶被包围在一道壕沟内

活动场所，只有少数有权者可以进入。[9]一座复杂的圆形木建筑在纳文堡被发现。它由五圈柱子排成的同心圆构成，一道直径约40米（130英尺）的复杂的外墙将它包围在内。这座建筑被解读成一所有高高锥形屋顶的巨大的仪式用圆屋。它后来被烧毁，埋在一个巨大的土堆下。

测定爱尔兰的皇家旧址的年代很难，它们是否全部在同一时期使用也很不清楚。始于公元前一千纪中叶的纳文堡似乎是其中最早的。即使在这么早的时期，它也有远距离的联系，是接受远方来的礼物的地方。一只年代为公元前 4 世纪的北非地中海猕猴（Macaca sylvanus）头骨的发现证明了这一点。纳文堡的动物骸骨里，猪骨的数量是牛骨的两倍，比绵羊和山羊多得多，表明所有这些骨头都与宴会有关。那座仪式用圆屋在公元前 1 世纪被短暂使用，但纳文堡继续用到公元 1 世纪，也许还要晚。拉斯克罗根和塔拉的年代似

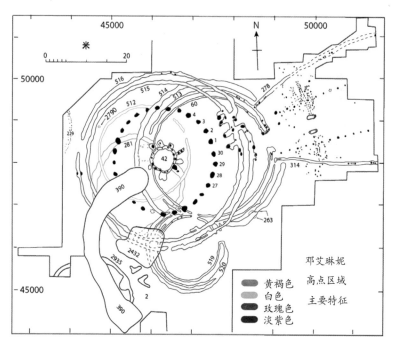

图 45　被解读成仪式活动场所的邓艾琳妮的叠加圆形结构复合平面图

乎在纳文堡之后，放射碳年代测定指向一个介于公元前最后两个世纪与公元 2 世纪和公元 3 世纪之间的范围。邓艾琳妮的年代为公元前 2—公元 5 世纪，似乎是这些旧址里最后使用的。不管它们是否真正是"皇家"的，这些大型旧址显然是铁器时代爱尔兰政治和仪式互相交织的地带之内的中心场所。它们有相同的基本组织原则和类似的规模，但构造细节各不相同，表明各地有对共同的意识形态做不同解释的余地。另一个问题是，如果这些是集会或仪式场所，人住在哪里？考古学家希望弄清楚这些"皇家"旧址对建造了它们的社会意味着什么，它们与多少世纪后提到它们的历史文字关系又如何。

退伍兵和商人将罗马带到波罗的海地区

公元后几个世纪，斯堪的纳维亚南部和波兰与立陶宛的波罗的海沿岸，铁器时代晚期的社会繁荣昌盛。它们继续沿着前一章描述的发展道路前进，但即使在这么远的距离上，罗马物品也发挥了推动变革的作用。在更接近罗马边境的地区，商品贸易和政治活动都带来了罗马物品的广为传播。到公元 3 世纪，一股罗马产品的大潮到达了波罗的海沿岸和斯堪的纳维亚南部。

在许多情况下，这些罗马产品属于实用产品。波兰北部各地出土了逾千件由高卢和莱茵兰地区的作坊制作，被称为萨摩斯细陶器（Samian ware）的独特陶器。[10] 有时候，这些货物行经的距离十分惊人。例如，一种产于默兹河（Meuse）河谷的金属锅被称作韦斯特兰（Vestland），因为它们在挪威西南部那一地区的数量非常丰富。[11]

一旦走出边境之外，罗马钱币的功能就改变了。它们不再作为商品交易中万能的金钱，而是作为炫耀物品发挥着特别的作用。虽然银第纳里厄斯和青铜—黄铜塞斯特帖姆[1]一类低面值钱币可能还继续承担商业角色，但它们却频繁地在典礼或仪式场合被发现。第纳里厄斯出现在斯堪的纳维亚南部的奉献和战利品献祭中，而在公元 2 世纪的波兰东北部，塞斯特帖姆则被放在坟墓内的死人嘴里。[12] 公元 4 世纪采用的苏勒德斯[2]在蛮族世界特别受宠，被用于社会或政治目的的支付，如贡赋、赎金、新娘的财产和嫁妆，也用作抚恤金。因为它们不再具有作为货币的面值，金币经常被熔化后重新打造成装饰品，包括名为"苞状饰片"（bracteate）的椭圆形饰物和小的金像箔（gold figure foil）。

公元 4、5 世纪，苏勒德斯在斯堪的纳维亚特别抢手。在厄兰岛的大布伦内比[3]，17 枚苏勒德斯被发现散落在一块地里。[13] 它们

---

［1］　sestertium，古罗马货币单位。

［2］　Solidus，罗马帝国后期发行的一种金币。

［3］　Store Brunneby，原文拼写似有误，正确拼写应为：Stora Brunneby。

铸造于公元 394 年和公元 451 年，由此推测它们的埋藏日期为公元 5 世纪下半叶。大布伦内比的这批苏勒德斯只是厄兰岛上埋藏的多批苏勒德斯之一。除厄兰岛外，博恩霍尔姆岛（Bornholm）和哥得兰岛以及瑞典大陆也埋着苏勒德斯。菲舍尔（Svante Fischer）写到了与返乡的雇佣兵一起到达斯堪的纳维亚的西罗马帝国"黄金大流失"。[14]

　　来自波罗的海沿岸的琥珀受到罗马人热烈追捧。考古学家曾描述过一条"琥珀之路"。它从波罗的海东北地区向南出发，穿过波兰中部，通过喀尔巴阡山与苏台德山（Sudeten mountains）之间的摩拉维亚通道（Moravian Gate），最终到达多瑙河的罗马边境。[15] 实际上，琥珀之路可能是一条宽阔的走廊，有许多与罗马珠宝商的需求相应的支线，而不是一条单一路线。琥珀的收集也许由有商业头脑的蛮族管理，但普林尼[1]提到一个叫尤利安努斯（Iulianus）的罗马士兵，公元 1 世纪，他旅行到波罗的海地区（或委托一个旅行者）收购琥珀。[16] 其他罗马人也纷纷效仿，而卡利西亚［Kalisia，被认为是现代波兰城镇卡利什（Kalisz）］这样的地址也标记在托勒密的公元 2 世纪日耳曼尼亚地图上。波兰北部各地坟墓和埋藏地里的低面值罗马钱币也许与琥珀贸易有关。

----

[1] Pliny。此处似指老普林尼［Gaius Plinius Secundus，公元 23（或 24）—79］。

图 46 波兰克维亚特科夫（Kwiatków）逾百口木栏井中的一口；波兰克维亚特科夫位于从波罗的海到意大利的"琥珀之路"（amber route）沿线

北方的中心地区

在斯堪的纳维亚南部，公元 4、5 世纪的聚落综合体反映了比铁器时代晚期的农庄群更高的一体性。斯堪的纳维亚考古学家将这些综合聚落称为"中心地区"（central place），以此指出多重功能现在汇聚到一个尚属农村聚落的地区。[17] 中心地区不是城镇，而是构成农业和手工生产、宗教活动和威望展示的"地方化的聚落布局"。

中心地区的一个重要元素是那里住着一个被称作"权贵"的有权有势、声望显赫的人物。[18] 权贵是中心地区社会的重要人物，他的庄园是最大、最壮观的农庄，通常包括一座用于聚会和仪式活动的长长的木结构大厅。围绕着权贵庄园的是从事农业活动和手工生产（尤其是金属加工）的附属农庄，以及祭祀和仪式场所、墓地和交易场所。这些活动场所散布在周围乡间而不是集中在权贵的庄园附近。自然地形将地表分成更小的单位并且连接起各地的组成部分。对宗教活动和世俗功能日益重叠的认识是理解中心地区的关键。湿地、树木、湖泊、泉水和其他自然地形继续在精神方面发挥重要作用的同时，仪式活动也开始在建筑内部或周围举行，大厅则承担了受膜拜的建筑或圣坛的角色。这样，贵族权力开始与宗教权威混合而不再是一个独立的活动领域。

古默的海滩市场和权贵农场

罗马货物涌入蛮族世界的程度可以从位于丹麦菲英岛（Funen或 Fyn）东部沿海的古默（Gudme）这个地方看出来。古默位于大贝尔特海峡（Great Belt）岸边，这是一条大的海峡，从德国北部到达卡特加特海峡（ Kattegat）的海上运输线路就从它这里穿过。古默周边地区的聚落和墓地显示了该地区在公元 200—600 年的重要地位。[19]

虽然早在 19 世纪就有了围绕着古默的考古发现，包括重逾 4200 克（9 磅）的伦讷堡（Lundeborg）黄金宝藏，但考古学家直到 20 世纪 80 年代才关注到这一地区。金属探测爱好者开始翻找出成百上千件金、银和青铜物品。[20] 思想开明的考古学家与他们合作开展严肃的考古调查。因为根据丹麦法律，金属探测者可以获得与其发现等量的贵金属补偿，一种有利可图的做法得以确立。被发现的大量物品显示古默是一个非常特别的地区，因此考古学家非常认真地开始了调查。

古默在公元一千纪上半叶的生活图谱开始浮现出来。[21] 伦讷堡地处海滨，古默本身位于伦讷堡向内陆 5 千米（3 英里）处。公元 200—400 年，两地形成了一个聚落综合体和港口，尽管古默和伦讷堡之间的默勒加兹马肯（Møllegårdsmarken）的一座墓地显示，该地区在前几个世纪似乎就已经非常重要。伦讷堡附近一段约 1 千米（0.5 英里）的海岸线离一条向内陆通往古默的小河河口不远，大量货物被运到那里，其中许多来自罗马世界。一些货物在运输过程中损坏，被丢弃，一些直接就丢失了。这些包括赭色黏土陶器和玻璃珠与棒，以及许多罗马银币。船上的铁铆钉也有大量出土，表明那里还造船修船。伦讷堡沿海地区还有铁、银和金加工作坊，以及琥珀和骨雕刻作坊。

对伦讷堡的一个解读是它作为一个海滩市场，是某种铁器时代的特易购或沃尔玛，在那里能买到各种各样的商品。这些商品从南方过来，一船船分运到斯堪的纳维亚南部各地。也许，它有某种季节或年度特征，而不是常年连续运行。伦讷堡也许是公元一千纪后期出现在北欧各地的商业中心的一个早期形式。

海滩的商业活动与内陆古默的活动之间的准确关系尚不清楚，但在金属探测爱好者帮助下，考古学家发现了一个中心聚落及几座外围农庄。其中最令人感兴趣的是几所被描述为"大厅"的长长的木质建筑。它们比典型的北欧铁器时代长屋大得多。其中最大者长47米（154英尺），宽10米（33英尺），建于公元3世纪下半叶，使用了很长时间。它的屋顶由八对巨大的内柱支撑。这些柱子沿建筑长度方向隔出三道走廊，中间有一巨大的开阔空间。附近的几所大厅稍小些，但构造同样结实。

古默这些大厅里的物品是财富和权力的反映。逾百枚罗马银币和多件金饰在柱坑间或柱坑里被发现。一些装饰品出自欧洲东南部，另一些则为当地制作，包括一只小的男子面部雕像和数只点缀着黄金的银项圈；还有一些以祭祀物品的形式在大厅修建期间被埋下。发现的金银制品表明了作坊在古默综合体的位置。这些材料中许多以毁坏的碎片形式从罗马世界输入，包括打破的雕像和碗碟碎片。

图 47　丹麦古默的木结构"大厅"轮廓，白线圈出了巨大的内柱和稍小些的墙柱

　　这些作坊的产品之一是一种土生土长的斯堪的纳维亚形式的苞状饰片：一小块非常薄的盘形浮雕金片。顶部的一个小环表明它们可能是作为挂坠佩戴或像徽章一样缝在衣服上。饰片的主题符合北欧特征，要么是代表一个人物或一个神的人形或面部，要么是程式化的马、鸟或矛。古默地区的金属探测爱好者翻出更多埋藏起来的金银，加上一些偶然发现，这里成为公元后头几个世纪北欧最丰富

的遗址之一。古默也被解读成一个权势显赫的权贵住地。他可以控制周围的农场，尤其是伦讷堡的海滩市场，这个市场又控制着罗马货物在当地的分配。在许多方面，这种做法似乎可与几个世纪前中欧哈尔施塔特的精英及其对于希腊的贸易的控制相比。问题是，古默是否还是宗教活动的中心，因为这个名字本身意为"神祇的家园"。我们从古默和伦讷堡得到一个重要信息，北上到达距罗马边境500千米（300英里）的一片丹麦海滩有大量罗马物品——钱币、金银碎片、陶器、玻璃。

图 48 穿孔做成挂坠的罗马金币，发现于古默

乌普恰

从瑞典南部玛尔摩（Malmö）出发的道路在接近大学城隆德（Lund）边缘时出现了一段缓上坡。一个小村庄坐落在坡顶，围绕着村庄的开阔田野覆盖着公元一千纪斯堪的纳维亚最大聚落之一的遗址。公元前 1 世纪，乌普恰（Uppåkra）开始有人定居，接着在随后的几个世纪里繁荣昌盛。到公元 400 年，它有了约 1000 个居民。最兴盛的时候，乌普恰占地约 40 万平方米（100 英亩）。几个世纪的定居留下了数层考古埋藏物。[22]

业余金属探测爱好者和专业考古学家的又一次合作在乌普恰的调查中结出硕果。逾 2 万件金属物品已经被标在遗址平面图上来显示它们的分布。大部分是青铜制品，但也有大量铁、银和金器。许多物品的年代为定居的晚期阶段，因为它们距地表更近，更容易探测，而更早的物品则通过发掘被发现。这些发掘揭开了一个以农业、贸易和手工生产为基础的繁荣的社会。

乌普恰的基本居住单位是农庄，那里有三四十座这样的农庄。农庄里有住房、谷仓、库房和作坊。手工艺人用金属、骨头和鹿角制作优质产品，也生产布和农具。秤和砝表明了商业活动的存在，因此我们推断乌普恰的功能是一个集镇。牛是最基本的牲畜种类，大麦是主要谷物，但植物和动物考古证据反映出一个多样化的自足经济。瑞典南部的土地非常肥沃，因此乌普恰和周围的聚落依赖一个非常高产的农业系统。特别值得一提的是公元2世纪原产于地中海，在罗马食谱中占据重要地位的植物的存在，如莳萝和欧芹。[23]

乌普恰的一座建筑非常显眼。[24] 它不是特别大，但它的结构和考古背景让它明显地与众不同。这座建筑的尺寸为13.5米 × 6米（44英尺 × 20英尺），平面图上长边向外凸出的基坑标出了它的轮廓。基坑的缺口指出了入口位置。建筑内部，四个巨大的柱坑托住的粗壮木料支撑着高高的屋顶。建筑中央是一个巨大的火塘。揭开基坑和内部的土层，考古学家发现它在同一个总平面图上经历了七个阶段的建造和重建。它始建于公元200年前后，使用了很长一段时间，修修用用一直到公元800年后。因为附近几座早期的葬丘，这一地区已经具有精神方面的重要意义。考古学家在建筑旁发现了金箔、精美的金属和玻璃容器等精工细作的物品，以及故意损毁的武器和埋藏的献祭所用动物和人的骸骨。建筑内部的大量鼠粪表明它不是日常使用，只在特别场合才开放。

乌普恰是公元一千纪在北欧各地兴起的聚落中心地区的一个代表。这类地点不是中欧和西欧意义上的城镇，因为它们没有规模宏大的防御结构，但它们是手工生产、贸易和仪式活动的节点，这一节点也许可以看成地区性的统治和权力。罗马的园艺植物表明，乌

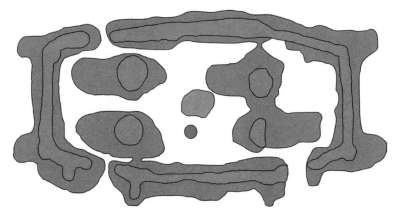

图 49　瑞典乌普恰的仪式建筑，图上显示了四根巨大的内柱、中央的火塘和外墙基坑

普恰处在一个将它们运往北方的贸易网络中。也许它的贵族阶层通过消费外来的罗马食物来显示其地位。经过了长期定居后，公元1000 年前后，当政治和宗教权力汇聚到附近的隆德时，乌普恰逐渐衰落并且被抛弃。

战利品献祭

　　公元 1 世纪，将武器和相关军事装备投入湖泊和沼泽的做法在斯堪的纳维亚各地相当普遍，前一章描述的约特斯普林的战利品献祭只是个开始。仅丹麦一国，已知的武器献祭就超过 300 处，瑞典和挪威还有更多。胜利者用失败者的装备献祭，这一点似乎很清楚，但大部分情况下，胜利者属于进攻还是防守一方尚不确定。在约特斯普林，献祭的船表明失败的军队来自别处。

19世纪，丹麦南部的尼达姆（Nydam）的一片沼泽里出土了三条船，与之相伴的还有一大堆武器和工具。[25] 三条船中，两条由橡木打成，一条由松木制成。一条橡木船在埋没前被劈坏，另一条船则被压平但依然完整。[26] 经树木年轮年代测定，完整的那条橡木船建于公元310—320年，而埋船似乎发生于20—30年后。根据武器比例，似乎许多尼达姆的武士用长矛，但其中三分之一使用依罗马样式打造的剑。弓箭手构成了蛮族军队的一个新成分，因为那里出土了几把紫杉和榛木制成的长弓、许多箭杆和箭镞。

尼达姆的橡木船结构比我们到目前为止描述的任何一条船都复杂得多。它用一种名为"叠接"（clinker）的技术建造，重叠的船板以铁铆钉固定，以羊毛织物捻缝。这种方法极为契合优秀的北欧造船传统，在公元一千纪，这一传统在维京长船上登峰造极。尼达姆橡木船也比约斯特普林出土的那条船大，它长23米，宽4米，有15对桨。两根雕刻的桩上有程式化的人头，长约1.4米，被认为是挂在舷外的锚桩。

尼达姆船及其相关武器被奉献前约一个世纪，伊勒普Å河的河谷上演了一场浩大的战利品献祭。[27] 伊勒普Å河谷A（Illerup Å dal A）是此地几次献祭中规模最大的，其时间可追溯到公元210年左

图 50　显示"叠接"造船技术的复原的尼达姆船，展示在德国石勒苏益格戈托尔夫城堡的州立考古博物馆

图 51　哥本哈根的丹麦国家博物馆还原的尼达姆战利品献祭

右。它包含了 350 面盾牌、366 支骑兵长矛和 410 支矛、逾 100 把剑、11 套骑士装备和许多其他物品，远远超过了其他武器埋藏地。然而这里似乎没有船或弓箭装备。这些武器遭到彻底毁坏后，才被从船上或岸上抛入当时的一座湖里。

伊勒普 Å 河谷 A 的埋藏物里，尤其值得关注的是四匹马的骨头，它们身上带着仪式造成的伤痕而非日常屠宰的标记。[28] 它们的死是各种武器同时施加的多次打击导致的，这表明它们遭到数人同时击打。这些马多半属于被打败的军队。锶同位素比值表明它们来自斯堪的纳维亚南部，这一点指出这场战役纯属地区冲突而非跨地区战争。

不过伊勒普 Å 河谷 A 的参战者与公元 200 年的古罗马世界依然有遥远的联系，尽管是间接的。200 枚古罗马银币出土时的环境表明它们是装在小袋子里的，其中距今最近者来自公元 187 年或公元 188 年。伊勒普 Å 河谷 A 的许多剑是只在古罗马的作坊生产的双刃、花纹锻打类型，不过剑柄可能是当地人装上的。大概只有高级武士才能用上这些剑。

相距刚过一个世纪的尼达姆船和伊勒普 Å 河谷 A 出土的武器传递了重要信息。首先，相比在约特斯普林及之前发现的造船技术，尼达姆橡木船的造船技术发展反映出一项重大进步。其次，伊勒普 Å 河谷 A 的埋藏物反映出一支估计有约 400 人的战斗部队，是根据约特斯普林埋藏物推算出的 80 人的 5 倍，而尼达姆的发现表明军事单位里编入了弓箭手。伊勒普的仪式上对马匹的屠杀让我们通过马这个侧面看到了对沼泽里那些躯体的可怕的处理方法。最后，伊勒普 Å 河谷 A 的古罗马钱币和剑表明，古罗马对远在帝国边境以外 650 千米的野蛮世界的渗透非止于少数孤立的物品，而是古罗马作坊和铸币厂的大量产品。

开始迁徙

公元一千纪中叶通常被看成蛮族世界的大迁徙时代，公元 4—7 世纪，这场运动达到了它的顶峰。为历史所载的蛮族，如哥特人和汪达尔人[1]，组成协调统一的群体四处流动，最终穿过罗马边境，带来了巨大破坏。他们被比喻成一列轰隆隆的货运列车，以凶猛的武士为火车头，后面拖着装满妇女、儿童和老人的车厢。他们全体离开故土，迁往他乡。人们推测了他们穿越欧洲温带地区和地中海地区的路线。当他们遭遇罗马人时，事情的结果通常对罗马人不利，因为控制一个破裂帝国的压力削弱了后者，导致他们无力抵抗蛮族的入侵。

---

[1] Vandal，日耳曼一民族成员，公元前 455 年劫掠高卢、西班牙和罗马，公元 4—5 世纪掠夺北非。

自 16 世纪以来，一幅晚期罗马帝国抵抗蛮族大迁徙并且最终被打败的图像已经固化到传统学术研究和历史记述中。[29] 日耳曼人的入侵和征服注定了罗马帝国的灭亡，现在，这段历史构成了几个现代国家起源故事中的关键元素。最近，一些学者开始反驳这一观点，又引来其他人的再次反驳。因此，对这一时期的历史研究中充满了争论和分歧。

一个主要问题是，公元 300—500 年的协调一致的大规模民族迁徙在考古记录中几乎不可见。我们希望看到独特的物品类型和摧毁的聚落，这些将标出狂暴的蛮族团伙通过的范围。回想一下蛮族世界对战利品献祭的嗜好。当一伙来自罗马边境外的劫掠武装一路打过高卢，打进地中海世界时，我们不应该看到他们继续上述做法吗？但这些实际上见所未见。

作为一名史前考古学家，我发现这一点很不寻常，因为我们确实有机会在考古记录中观察到大规模的人口迁徙。公元前六千纪，农业人口在中欧的定居就是迁徙和开拓的一个例子。在这个例子里，从事农业的社会与土生土长的狩猎采集人口在聚落、房屋、物品和丧葬习俗方面都大不相同。人口从蛮族世界向逐步瓦解的罗马帝国大规模迁徙也会引发类似的中断，但我们根本没看到假设的这次公元一千纪的大迁徙带来的中断。

历史学家彼得·希瑟（Peter Heather）指出，不管现在还是过去，人的迁徙都出于两个基本原因：寻找会给他们和家庭带来更好生活的机会，或因为他们在暴力威胁下被迫迁徙。[30] 盖伊·哈尔索尔写过迁徙的一些一般特征：人口迁徙很少有一个方向的；移民会循着已经建立的路线而不是蜂拥通过一大段边境；移民会被吸引到已经存在的移民社会；最重要的是，信息的流动对移民至关重要。[31] 我再补充一下：在被要求吸收移民的社会眼中，移民的数量通常看上去比他们的绝对总数要多；留下的人比移民要多得多。

　　人口在蛮族世界各地的流动不是什么新事物。它是可追溯到石器时代的互相联系和人员流动的延续。埃姆斯伯里弓箭手四处旅行，艾特韦女孩也是如此。奥茨冰人正在翻过高高的阿尔卑斯山。现在的区别在于个人和小团体的迁徙被他们接触到的有文字民族记录下来，后者总结了这些流动，描述成有共同身份的"部落"的入侵。这些描述继而影响了它们的读者以及后世学者的观点。这些多少世纪后的学者对书面叙述的重视胜过了考古记录。几个世纪后的历史学家也许会假定，西欧在 21 世纪初曾为成队成队的波兰管道工所占据，除非他们理解了这个说法在法国和英国提出时的国内政治背景。

　　蛮族世界的居民属农业民族，数千年来一直如此。务农的人确实经常迁徙；但这种迁徙主要在单个家庭层面上。一些社会通过贸易、通婚和结盟与同类社会结成了关系网，整个社会尤其是那些身处上述关系网的社会确实不会只为了流动缘故就一起离开家园，迁往他乡。不同于欧亚大草原上的社会，公元3—5世纪的西欧和北欧蛮族不是游牧民族。确实，一些东方民族特别是匈奴侵入欧洲的例子尽人皆知，但这是例外而非常规。

有文字的古代民族会尝试打造一份对他们在自身社会所见变化的描述，对文字资源的现代解读也会形成某种学术解释。冒着冒犯对书面叙述熟悉得多的学者的风险，所谓欧洲民族大迁徙时期的许多移民让我这个考古学家想到的是上述尝试和学术解释。我意识到，采取这一立场，我会被贴上"迁徙否定论者"标签，但"迁徙怀疑论者"也许更准确。我不否认人们会四处迁徙，但我怀疑这些迁徙并不像历史描述声称的那样集中、一致和方向明确。罗马统治的分崩离析、对新来者与罗马公民间文化差异意识的提高，以及移民在域外的聚集，所有这些也许创造出一个比实际情况规模更大和一致性更强的迁徙印象。

不过我们也不要把迁徙这个婴儿和洗澡水一起泼了[32]，还是让我们看看罗马在西方统治的最后几个世纪的蛮族人口迁徙的一些证据。我们将集中关注哥特人、匈奴和盎格鲁—撒克逊人。在某些方面，考古学提供了观察这些迁徙的性质及其后果的视野，我会在论述过程中强调那些方面。

人群中的面孔：哥特人

哥特人是典型的蛮族，典型到这个系列会有一本专门写他们的书。[33] 他们的名字本身就非常吓人而阴暗，以致为今天那些桀骜不驯的年轻人所接受（尽管没有证据表明古代哥特人只穿黑色衣服或者涂厚厚的眼影[1]）。他们在公元 410 年洗劫了罗马，因此他们的行事，哦，很像蛮族。不过还是让我们关注进入书面历史之前，越过帝国边境时的哥特人，而不是他们与罗马政权的复杂互动。

虽然塔西佗和阿米安（Ammianus Marcellinus）先后提到哥特人，我们对他们早期历史的了解大多来自约达尼斯（Jordanes）。约达尼斯是公元 6 世纪东罗马帝国（Eastern Roman Empire）的官员，公元 6 世纪中叶，他根据一个叫卡西奥多罗斯（Cassiodorus）的罗马官员的一部已失传的作品写出了《哥特史》（Getica）。公元 5 世纪和公元 6 世纪之交，卡西奥多罗斯在哥特国王西奥多里克（Theoderic）的宫廷任职。一般认为，卡西奥多罗斯修饰甚至完全编造了他对哥特人起源的描述，而起源于蛮族的约达尼斯重复了这份已属不可靠的描述的大部分内容。

结果，连那些通常情况下看重书面文字的历史学家都倾向于不

---

[1]　Goth 一词还表示"哥特亚文化群成员"，这些人喜欢穿黑色衣服、化黑白妆，也喜欢哥特音乐。

相信约达尼斯作品的大部分内容。哥特人实实在在起源于公元后几个世纪的蛮族世界之内，远在罗马帝国边境以外，但约达尼斯的作品将这一起源起点放到了波罗的海地区。如果不加保留地全盘接受约达尼斯的观点，那么维斯瓦河下游流域及周边地区似乎与哥特族起源地一致。那么，考古记录告诉我们，那里在公元后前几个世纪发生了什么呢？

公元一千纪上半叶，被考古学家称作维尔巴克文化（Wielbark culture）的社会居住在波罗的海南岸，主要在维斯瓦河下游一带。我们对他们的了解主要通过墓葬，这些既有火化墓，也有陪葬着陶器和首饰但没有工具和武器的骨架墓。[34] 一个这样的墓地在波兰中北部的罗戈沃（Rogowo）。它与一个占地约 6 公顷（15 英亩）的聚落有联系，包含 151 具火化遗体的墓和 137 个屈肢安放的骨架墓，许多墓里有青铜装饰品。稳定同位素分析表明，黍与其他陆生食物一起构成了食谱的组成部分。维尔巴克文化的社会处于琥珀之路的北端。琥珀之路上的一个关键环节是一条古道，它延伸近 1200 米（4000 英尺），穿过了维斯瓦河河口附近的圣树林（Święty Gaj）湿地。[35] 从公元前 1 世纪末到公元 3 世纪初，橡木筑成的圣树林古道维持了三个多世纪。在此期间，为了适应日益繁忙的往来于琥珀丰富的东波罗的海沿岸的交通，它从约 1.5 米（5 英尺）拓宽到 4 米（13 英尺）。木料间的一块块琥珀原石清楚地指向这种商品的运输。如果这里有罗马商人的参与，那么维尔巴克社会应该对遥远帝国的物品和习俗有所了解。来自罗戈沃、圣树林和其他遗址的证据表明，维尔巴克文化是当地发展起来的，它的社会不是在其他地方完全成型后迁移来的。约公元 2 世纪末，也许一个世纪后还有一次，维尔巴克社会一些成员向东南迁徙，最终到达黑海以北的乌克兰。考古学家已经将切尔尼亚霍夫文化（Cherniakhov Culture）的陶器与维尔巴克的制陶传统联系起来。普热梅斯瓦夫·乌尔班奇克（Przemysław Urbańczyk）认为迁徙者是机会主义的社会精英及其支持者，而不是整个社会。[36] 维尔巴克地区大部分居民显然留在家乡而不是去面对一个不确定的未来，因为他们的墓地继续使用了几个世纪。

那么，维尔巴克和切尔尼亚霍夫社会是从波罗的海向南迁徙，再转向西方，给罗马帝国带来巨大破坏的早期哥特人吗？历史学家们在这个问题上各执一词。迈克尔·库利科夫斯基（Michael Kulikowski）采取的立场似乎是，因为约达尼斯的叙述太可疑，所以对支持它的考古记录的任何解读都站不住脚。[37] 沃特·戈法特（Walter Goffart）将《哥特史》看成一部近于小说的作品，它在公元 6 世纪的创作是为了服务于意识形态而不是将实际事件记录为历史事实。[38] 彼得·希瑟在承认约达尼斯作品缺点的同时，似乎倾向于对有疑的地方不做判定，同时相信考古痕迹确实指向波罗的海沿岸。[39]

图 52　波兰北部奥德里（Odry）立石圈围绕的墓地，年代为公元 2 世纪

　　最终，我们还是不知道哥特人到底从何而来，即使知道这一点，我们也不知道他们的迁徙采取的形式。当然，它似乎不符合传统的"货运列车"的描绘。相反，精英及其追随者逐渐增长的历经许多代的迁徙，导致当地民族被卷入一个哥特社会。最终，与其他进入历史的蛮族群体一样，哥特人成为部落政体结成的一个松散联盟。公元 4 世纪，他们现身罗马帝国边境之内时，考古记录里已经找不到他们的痕迹。这并不意外，因为正如我们多次见到的，罗马帝国边境四面漏风，被称为哥特人的民族早就采用了罗马的生活方式。虽然哥特人在许多情况下与罗马人作战，但罗马人也招募他们

进入罗马军队。

公元 376 年，许多哥特人为躲避匈奴来到罗马帝国南部边境，获准进入帝国。一开始，东罗马帝国皇帝瓦伦斯（Valens）欢迎他们，但形势很快变得紧张起来。公元 378 年，一支哥特人的军队在阿德里安堡［Adrianople，今土耳其欧洲部分的埃迪尔内（Edirne）］打败罗马军队，杀死了瓦伦斯。这被看成罗马军队有史以来最大的失败。公元 382 年，脆弱的和平得以建立，但从那时起，哥特人就成为罗马世界一支无法控制的力量，总是有能力自己组织起来制造麻烦。这一点的最好例子是哥特辅助部队一个集团的领导人阿拉里克（Alaric）。他心怀不满，提出了要求，但他给东西罗马统治者提供的服务都没得到报酬。为了表示他的不满，他于公元 410 年 8 月带着军队进入意大利，洗劫了罗马。

到这一时期，罗马再也没有能力挑选强者和弱者，控制局势了，而哥特人既非它持续的朋友，也不是永远的敌人。公元 5 世纪，一些哥特人向西迁徙到法国南部和西班牙，这时他们被称作西哥特人，而东哥特人则留在东南欧。甚至哥特人忠诚的对象也不相同。许多东哥特人为阿提拉（Attila）效力，而西哥特人与他为敌。一些人皈依了基督教，这一点进一步加深了他们间的分歧。天长日久，这一群体作为哥特人残余的任何身份认同逐渐消失，他们被同化到继罗马帝国崩溃而形成的社会里。

匈奴：明显的例外

第一次世界大战期间的协约国宣传将德国人称作"匈奴"（Hun）。这确实是一个特别挑选的描绘野蛮的词汇，因为蛮族世界的匈奴根本不是日耳曼人。他们代表了公元 4、5 世纪的真正入侵者，因为他们是亚洲内部的草原游牧民。发现于匈牙利的金属锅与哈萨克斯坦大草原和蒙古平原间的阿尔泰高原（Altai plateau）石刻上的描绘一般无二。[40] 他们不期而然地进入欧洲，引发了一系列事件，进一步扰乱了分布于罗马边境的蛮族社会，也让罗马帝国本身付出了巨大代价。

在中国遭到当时的汉朝抵抗后，匈奴挥师西进，于公元 370 年前后渡过伏尔加河（Volga），进入乌克兰。随后一个年代里，他们践踏或赶走了顿河（Don）与第聂伯河（Dnieper）之间的蛮族群体。到公元 3 世纪末，他们已经突入喀尔巴阡盆地，威胁着罗马的多瑙河沿岸行省，令中欧蛮族世界的南部地区为之震动。寻求避难的难民蜂拥越过帝国边境。到公元 425 年，匈奴已经将他们"游牧帝国"的中心移到匈牙利平原，将欧洲腹地变成了自家花园。

学者间对匈奴游牧帝国的特征颇有争议。喀尔巴阡盆地已知有约 150 处考古遗址里有独特的匈奴物品。对他们的主要历史描述出自普利斯库斯（Priscus）和我们那位公元 6 世纪的朋友约达尼斯。普利斯库斯是公元 5 世纪中叶希腊派到匈奴的使节。有一件事很清楚：匈奴生活方式的游牧特征对定居的罗马人及其蛮族邻居是完全陌生的。一些学者认为，欧洲匈奴放弃了游牧生活，定居下来，以向邻居勒索进贡为生。另一些学者则认为，匈奴继续干着流动掠夺的勾当，他们的骑射技艺吓坏了在公元 5 世纪上半叶与他们接触的民族。[41]

在阿提拉统治下，匈奴帝国达到了它的全盛时期。公元444—453 年，阿提拉在多处木结构王宫而不是一个永久都城实施统治。公元 445 年，阿提拉发起突袭，翻过阿尔卑斯山，南下意大利，之后转回，于次年谋划并放弃了对君士坦丁堡（Constantinople）的一场围攻。公元 451 年，阿提拉转向西方，打过莱茵河，进入高卢腹地。这场惊人的远征一直打到沙隆城外，才为一支由罗马人和西哥特人组成的大军所阻。一场血战随之而来。尽管罗马—西哥特联军的胜利远远说不上决定性的，但阿提拉撤到喀尔巴阡盆地，两年后死在那里。政治内斗和被征服民族的反叛结束了匈奴的统一。公元 455年在潘诺尼亚的一场失败后，他们退回乌克兰及其以远的大草原。

匈奴对中欧的入侵富有启示意义，它表明了蛮族对衰落的罗马帝国的真正掠夺是什么样子。在我看来，大部分其他蛮族的迁徙呈现出更少的掠夺性和更多的寄生性：移民流被吸引到已经在罗马机构的同族人的聚集地而得到"内部工作"。有时候，这些集团组成军队来侵蚀罗马的统治，扩张自己的权力和占据更大地域。另外，匈奴高度组织化，协调统一，动机明确，但遇到匹敌的军队抵抗时倾向于不攻取和固守地域。他们填补了罗马帝国东西部分之间的喀尔巴阡盆地露出的地缘政治真空，而大部分蛮族的迁徙（在我看来）填补了罗马统治和军事控制地区内的区域真空。

然而，匈奴引发了那些逃离兵祸的人非经济原因的迁徙。这种迁徙本身将那些本来不愿迁徙的人赶出了家园。压力和动荡推动西哥特人于公元 4 世纪末向西移动，促使德国南部的群体到罗马边境内寻求避难。

撒克逊人的冒险

在英格兰东部，公元 5 世纪初，罗马统治的崩溃带来了大日耳曼尼亚的移民。吉尔达斯（Gildas）和比德（Bede）等编史者将这些盎格鲁—撒克逊人的到来描绘为一场重大事件——"撒克逊人的到来"（Adventus Saxonum）。考古方面，这可以从公元 5 世纪中叶出现的日耳曼人的物品和独特的坟墓中看出来。[42] 盎格鲁—撒克逊人的到来是这一时期记录较详细的迁徙之一，但对它的性质，学术界依然有相当大的争议。编史者将它描绘成一场逐走当地人口的大规模入侵。学者们最近质疑了这一取代假说，认为作为当时总体混乱的一部分，规模较小的盎格鲁—撒克逊团体移民到英格兰，而当地罗马—不列颠社会在很大程度上没有受到影响，或者当时的变化是本地形势发展的结果，外来影响可以忽略不计。[43]

　　英格兰东部拉克河畔的西斯托（West Stow）是一个典型的盎格鲁—撒克逊聚落，在公元 5 世纪初到公元 7 世纪中叶有人定居。[44]西斯托的发掘揭开了极富欧洲大陆房屋特色的半埋的屋子。它们聚集在几座名为大厅的小木质建筑周围。在任一时期，西斯托的人口都由三到四个家庭组成。来自西斯托初期盎格鲁—撒克逊房屋的动物骨表明，除牛、绵羊和山羊外，对猪的利用出现了急剧上升，这

图 53　萨福克郡（Suffolk）西斯托一个重建的盎格鲁—撒克逊村庄，显示了半地下的房屋和木结构大厅

也许是对高产肉食感兴趣的移民人口的一个信号。[45] 随着时间流逝，对猪的利用比例又回落下来。然而，除了猪饲养的暂时性高峰外，西斯托的生计活动没有显示出对罗马—不列颠的显著影响。要么是盎格鲁—撒克逊人的到来对当地社会影响甚微，要么是移民采用了当地的动物饲养系统。

考古学家分析了牛津郡（Oxfordshire）伯林斯菲尔德（Berinsfield）一座早期盎格鲁—撒克逊墓地的 19 个人的锶同位素比值。[46] 他们中大部分生于当地，吃当地土壤里种出的食物，喝当地的水。然而其中四人可能是在外地长大的。一个与一块罗马皮带配件同葬的男子的锶同位素比值与英格兰的发现不匹配，倒接近德国西南部的比值。另一个不属于当地的比值也许可以在德国内陆找到，但也可能来自英格兰东北部。还有两人的锶同位素比值并非来自当地，但在英格兰南部其他地区的数值范围内。伯林斯菲尔德的数据似乎与盎格鲁—撒克逊入侵者带来的大规模人口替代不一致，它指向的要么是小规模移民与当地社会的融合，要么是当地人采用了盎格鲁—撒克逊的文化表达。

坟墓里的蜜蜂

从大日耳曼尼亚走出了法兰克人，他们的名字来自一种投掷的斧头——法兰西斯卡（francisca）——现在作为法国国家的名字保存下来。他们一开始吸引罗马的注意是在公元 3 世纪作为莱茵河和威悉河间的一个部落联盟。公元 4 世纪，他们跨过了罗马边境，带来了巨大破坏，后来才在比利时北部定居下来，采用了罗马的生活方式。在那之后，他们对罗马非常忠诚，与罗马人和西哥特人一起在公元 451 年打败了匈奴。

第一个走进历史的法兰克人是希尔德里克，他是法兰克人在公元 5 世纪第三个 25 年间的统治者。一开始，他是紧接着罗马统治衰落之后的几位法兰克国王之一。希尔德里克死于公元 481 年或公元 482 年，葬在比利时与法国边境比利时一侧的图尔奈。[47] 他的坟墓于 1653 年被发现。坟墓的发掘虽然笨拙，但也揭示出一座显然旨在证明他的继承人克洛维权力的精美墓葬。一枚罗马样式的金制图章戒指上刻着的 "CHILDERICI REGIS" 指出尸体正是希尔德里克。至少 30 匹陪葬的马在附近被发现，表明了一种更具异域特征的丧葬习俗，与大草原上的斯基泰人（Scythian）坟墓遥相呼应。

希尔德里克墓里特别重要的是精心挑选的钱币。这些铸造年代纵贯五个世纪的钱币旨在证明王朝的合法性，它同时得到了罗马政权残余和竞争的蛮族国王的承认。[48] 这批钱币于 19 世纪被盗，但幸运地在被盗前被详细地记录下来，其中包括 89 枚由一些声望卓著的皇帝铸造的金苏勒德斯。墓内其他黄金制品包括装饰在希尔德里克披风上的 300 只嵌着景泰蓝的小蜜蜂。拿破仑·波拿巴也想将自己包裹在古代国王的历史里，让人在他的加冕礼袍上装饰了金蜜蜂。

与希尔德里克一起涌现的法兰克王朝被称为墨洛温王朝（Merovingians）。尽管他们的故事在本书范围之外，法兰克人及其墨洛温统治者在后罗马时代的权力竞争中表明了日耳曼蛮族和高卢—罗马文化元素的汇聚。公元 5 世纪的法兰克墓葬，如诺曼底（Normandy）圣欧班德尚（Saint-Aubin-des-Champs）墓地的墓葬，内含的葬品包括陶瓷容器、玻璃容器和金属装饰品与武器[49]，反映

图 54 希尔德里克外套上的黄金和玻璃制成的蜜蜂

出在他们统治下的大范围区域融合。近几个世纪以来，按数代历史学家和考古学家的解释，墨洛温王朝是法国民族认同的基础。

桑比堡

铁路编组站的一些轨道终止于车档，另一些则继续延伸，加入干线。与此类似，蛮族世界也在许多地方结束了多次，在其他地方则继续走入历史。这些轨道中的一条在公元 5 世纪末终止于波罗的海沿岸的厄兰岛。在这里，一座环形堡垒（ringfort）坐落在距现在的海岸线 42 米（140 英尺）处。公元 480 年前后的一个春日，一件非常恐怖的事在桑比堡发生了。[50]

桑比堡是公元一千纪上半叶厄兰岛上的近 20 座环形堡垒之一。这是一座椭圆形石头堡垒，椭圆长轴约 92 米（300 英尺），地基约有 4 米（13 英尺）宽。堡垒内是 54 座石头和草根土建筑，地上铺着卵石和石灰石，房子在中央，畜棚和仓库绕着围墙内侧排列。水由一口井提供。

2010 年，考古学家注意到非法挖掘的证据，采取行动保护这个遗址。金属探测爱好者被叫来确定金属物品的位置，调查性发掘也在着手进行，结果令人惊讶。在一层薄薄的泥土下的遗骸中，至少 10 具骨架上有暴力致死的痕迹，并且毫无遮蔽地留在他们倒下的地方。最终，草根土的屋墙倒下，掩盖了他们的遗骸。一具骨架属于一个不到 20 岁的少年，脑壳上一块巨大的致命伤口只可能是在他跪着的时候砍的。吃剩的羊骨表明这场屠杀发生在春季。考古学家认为还有数十具骨架躺在这座环形的堡垒内部。

进攻者洗劫了这个地方，但他们忽略了就藏在不同的房子门道内五处隐藏的珠子和首饰。这些包括日耳曼风格的金银胸饰、钟、金戒指、琥珀珠和玻璃珠。一枚来自瓦伦提尼安三世（Valentinian Ⅲ，公元 455 年遇刺身亡）统治时期的金苏勒德斯与玻璃珠一样提供了还乡的雇佣兵的证据。

谁进攻了桑比堡？虽然这座环形堡垒位于海岸附近容易攻击的位置，考古学家还是认为袭击者是厄兰岛的同乡。随着财富在一些农庄积累，它们吸引了掠夺同乡岛民的抢劫团伙的注意。一天，警报拉响，附近农庄的居民来到桑比堡避难。预料到一些人无法幸免，他们藏起了贵重物品。大概是藏在预先看好的位置。这毫无作用，他们全部被杀死了。

不同于厄兰岛上在后几个世纪有人居住的其他环形堡垒，桑比堡从未再住过人。它也许一直是个禁区，一开始作为有人横死的地方，接着也许作为一个闹鬼或禁忌场所。在许多方面，桑比堡大屠杀总结了蛮族世界末期的许多情况：来自远方的财富引起了常以悲剧告终的社会压力。

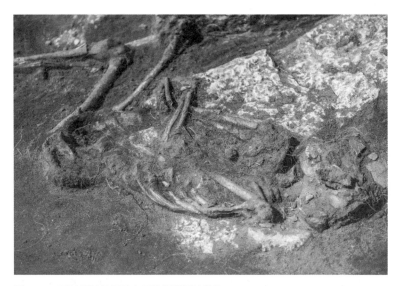

图 55　一副被屠杀的厄兰岛桑比堡居民的骸骨

公元 500 年及以后的蛮族世界

以公元 500 年为界结束本书，给蛮族世界的连续故事强加了一个人为终点，因此这节标题加进了"及以后"这几个字。欧洲温带地区的社会并没有停止前进，即使罗马帝国在西欧停止了运转，它的影响依然深远。蛮族开始自生自灭，逐渐发展出自己的文明特征。分隔罗马边境内外的民族和地区的人为分界消失了。正如罗马人到达之前那样，蛮族世界余下的民族与高卢和不列颠的民族完成了整合。

欧洲温带地区后罗马时期的突出特征是众多小王国的涌现。大部分小王国的领土野心有限，但王国给统治者及其追随者提供了获取财富地位的手段。铁器时代晚期的权力分化结构逐渐消失，让位于等级组织和王朝继承。一些王国随时间推移而崛起，控制了大片地区。这一时期，希尔德里克的儿子克洛维领导的法兰克人巩固了对高卢北部和邻近的日耳曼尼亚部分地区的控制。

在蛮族世界各地，我们看到了仪式活动的变化。例如在斯堪的纳维亚南部，将贵重物品丢进沼泽和湿地的做法在公元 500 年前后结束。自那以后，这类物品主要出现在当地权贵住地和仪式建筑内，如古默和乌普恰的大厅。祭祀活动从野外场所向居住和商业中心地区转移，这预示了北欧各地公元一千纪下半叶的宗教变革。

自公元 4 世纪以来，基督教在罗马帝国占据了主导地位。这一时期，邻近的蛮族世界一些地区接受了它。公元 5 世纪初，以帕特里克（St Patrick，尽管他显然不是第一个）为代表的罗马统治下的不列颠传教士将基督教传到爱尔兰。到公元 500 年，基督教在爱尔兰牢牢地扎下了根。基督教向斯堪的纳维亚南部和东欧的渗透还需要几个世纪，但已经在进行中。基督教为地位显赫的蛮族所接受的一个显著例子是克洛维在公元 496 年的皈依。

公元 5 世纪，许多罗马城镇被废弃。朗迪尼亚姆（Londinium）似乎经历了人口大幅度减少，它的城墙被保存下来，罗马建筑的遗迹也许还能见到。而农村人口延续着世代传统，继续生活在农庄、小村庄和村镇。尽管乌普恰这类中心地区继续繁荣壮大，我们在公元一千纪中期的欧洲温带地区却没有看到大规模的人口集聚。虽然罗马产品和钱币的供应逐渐消失，但商品和奴隶的贸易继续推动整个欧洲温带地区的区域内联系。

下一个 500 年将看到城镇的复兴、沿北海和波罗的海贸易港口的涌现、墨洛温王朝和加洛林王朝（Carolingian Dynasties）在西欧的繁荣，以及基督教在东欧和斯堪的纳维亚的传播。从公元 8 世纪起，欧洲温带地区的主导力量是一个名为维京人（Viking）的民族。西欧各地许多像都柏林（Dublin）这样的城镇的建立，以及对东欧的渗透和俄罗斯的建立都有他们的功劳。因为维京人不幸有个掳掠沿海聚落和洗劫修道院的习惯，所以他们经常被看成最后的蛮族，其实他们更持久的遗产是探险和商业这类和平活动。不过他们也不是横空出世的。与中世纪早期欧洲温带地区的其他社会一起，维京人也是数千年史前发展的产物。欧洲文明的根源既存在于希腊和罗马古典文明，也存在于蛮族世界。

第6章

蛮族永存

史前欧洲的蛮族让 21 世纪的人浮想联翩。然而这份迷恋并不新鲜，现代人评价史前史的方式多以早已出现的观点、引用和神话为依据。"蛮族"一词被随意拿来指代任何参与暴力和不文明行为的人。这一遗产来自希腊罗马对欧洲温带地区无文字居民的描绘，以及古典作者的作品在始于文艺复兴（Renaissance）的人文研究中的崇高地位。蛮族人被看成堕落和文化落后的劣等人，长期被置于下等地位，直到他们为来自地中海的语言、文化和文明所启发。

在许多例子中，如魔幻文学作品、视频游戏和电影里，蛮族人的堕落以最可怕的形式被描绘出来。他们不仅行为恶毒，而且具有惊人的力量和难以置信的神秘洞察力。在这方面，对蛮族人柯南的描绘也许是其中最出名的。他是通俗小说作者罗伯特·E.霍华德（Robert E. Howard，1906—1936）在 20 世纪 30 年代为他的魔幻故事虚构的一个人物。他来自辛梅利亚，尽管在霍华德的想象中，他源自"前凯尔特人"，这个虚构的家乡名字还是让人想起希罗多德（Herodotus）给黑海东北部的野蛮部落贴的标签[1]。在霍华德最初的构想中，柯南会说多种语言，有极为深刻的观察力和无比的力量。霍华德创造了一个想象的蛮族世界，让柯南在其中冒险。可惜在后

---

[1] 希罗多德称该部落为辛梅利亚人（Cimmerian）。

来的描绘中，为了维持老套的"蛮族"形象，柯南被描写成了一个头脑简单的暴徒。

一方面，蛮族世界的准确形象必须包括作为史前欧洲生活现实的无所不在的暴力。正如埋藏的奉献物和战利品献祭所显示的，蛮族生活中显然还有神秘和精神的一面。本地社会的区域内联系意味着一个领导人毫无疑问地能用几种方言交流。因此最初的柯南类型在某些方面并非信口开河。另一方面，柯南、施瓦辛格、奥地利口音、没有必要的血腥暴力和超自然角色之间近年来消除不了的联系给蛮族世界带来了刻板印象。考古学是一个公众想象与证据、理性解读对立的学术领域。虽然这一点也许在所有历史学科中都司空见惯，历史人物的缺乏给考古学额外蒙上了一层神秘的面纱。历史人物的传记需要一手材料的支持。于是随着人们试图将奥茨冰人变成一个历史人物，我们看到了围绕他的各种理论和叙述的爆发。阿米尼乌斯有一桩与他一生相联系的事件，但人们依然以他为中心编织出一个巨大的神话。罗马衰亡后，更多蛮族离开史前时期，进入历史的世界，但他们已经不在本书的范围内。对大部分史前时期而言，历史人物的缺乏意味着各种故事都可以被想象出来，不管它们与证据是否相符（或缺乏证据）。柯南的吸引力在于虽然是虚构的，但不管多么不合理，他依然是个有名有姓、有起源、有故事的人物。

有用的历史

如果柯南是我们联系蛮族世界的唯一方式，那将非常可悲。所幸，史前蛮族有许多其他方式出现在现代世界的意识中。蛮族活在欧洲文化和社会中。从史前史到中世纪史再到现代史的连续性，意味着史前史与有文字历史间不存在新大陆（New World）那样的割裂。史前社会可以并入一份至少追溯到冰川期结束的叙事中，现代欧洲人及其后代可以将这份叙事看成他们自己历史的一部分。

美国历史学家亨利·斯蒂尔·康马杰（Henry Steele Commager，1902—1998）曾指出美国人和欧洲人看待各自历史方面的区别。美国人将历史看成歌颂或缅怀有记录的事件和人物的文学应用，欧洲人则认为历史来源于民间传说、口头传统和神话。[1]二者都代表了对"有用的历史"的追寻，它帮助人们理解自己是谁，并且生成一份对现在的共同理解。对欧洲而言，蛮族世界在很大程度上是其有用的历史的一部分。

这样一份有用的历史的构建不可避免地带有了简化和确定化。可惜考古记录是复杂、不连贯和互相冲突的。所有基于它的叙事，如这本书，都是选择性的。这就像一幅画与一张照片的区别。在前者情况下，画家选择表现什么，忽略什么，而照片则忠于眼睛所见，尽管在一个熟练的摄影师手里，照片也可以被操纵。将这个类比进一步深化，漫像是强调对象的某些特征来表明一个观点的画。将蛮族世界转变成公众想象中的一段有用的历史需要将它转变为一幅漫像。这不仅要简化一堆复杂的信息，还要夸大甚至歪曲一些关键方面来表明一个被现代受众认为有用的观点。在公众想象中，蛮族世界是多幅漫像的涂抹，这些漫像则来源于对考古记录的选择性引用。

蛮族生活的一些漫像是真正的漫画，这是现代人首次见识古代世界的一种常见方式。考古学家喜欢与他们研究的人有关的漫画。我在宾夕法尼亚大学（University of Pennsylvania）的本科生导师伯纳德·韦尔斯（Bernard Wailes，1934—2012）在他的办公室门上贴了不少这种漫画。可惜许多关于史前人的漫画把他们与时间错位达上亿年的恐龙画在一起。另一个常见主题是刚刚凿出一只石头轮子的穴居人。本书读者知道，最早的轮子是公元前四千纪用木头做的，因此石头轮子这种根本不可能有的东西并没有很好地反映史前社会对材料的掌握。

虽然在新大陆不那么广为人知，但阿斯特克斯（Astérix）也许是蛮族中对欧洲漫画读者影响最持久的漫画人物。生活在法国西北部的阿斯特克斯和伙伴奥贝里克斯（Obelix）是与同乡村民一起抵抗罗马侵略者的高卢人。阿斯特克斯连环漫画于近 60 年前首先由勒内·戈西尼（René Goscinny，1926—1977）撰写，阿尔伯特·乌德佐（Albert Uderzo）插图。[2] 虽然阿斯特克斯系列的幽默是典型高卢式的，但它还是被译成多国语言，在欧洲各地广为流传。对许多年轻人，尤其是法国的年轻人而言，阿斯特克斯是他们与蛮族世界的第一次接触。

然而，作为对蛮族世界生活的一份指南，我们不应过于看重阿斯特克斯漫画。2011 年，巴黎科学城（Cité des Sciences）一场名为"高卢人"（Les Gaulois）的展览致力于指出阿斯特克斯漫画中描绘的铁器时代晚期生活画面的错误。它指出，高卢人不是好斗的森林居民，而是住在城镇和乡村的优雅复杂的社会，有老练的种植人和养殖人、熟练的金属工匠，以及地区间贸易网络的参与者。阿斯特克斯漫画里充满了时代错误。奥贝里克斯雕刻和竖起的巨石柱的真实年代是石器时代。不过像它们现在一样，在公元前 1 世纪，它们依然可见于地表。

与此同时，当考古学家看到他们钟爱的史前世界被描绘成这个样子，他们也需压下心里的不快。阿斯特克斯只是一部漫画，它的幽默是现代背景而非史前背景内的关注话题。在对"高卢人"展览的一次描述中 [3]，有人引用里昂大学（University of Lyon）考古学家马蒂厄·普（Matthieu Poux）的话说，阿斯特克斯漫画是"当代社会的积极价值观和文物创造出的想象世界的某种合成"。这就是"有用的历史"的本质。

图 56　在布列塔尼普勒默博杜（Pleumeur-Bodou）一个巨大的雷达天线罩阴影下，重建的高卢村（Village Gaulois）给了人们一个想象中的史前世界，阿斯特克斯的故事就发生在这个世界里

时间概念

公众对史前史的理解方面，最大的混乱来自时间。如果一个世纪在某人看来似乎是一段很长的时间，那么理解一个千纪的难度将达到它的十倍。将这个时间尺度前推几个千纪，理解史前生活节奏的难度会呈指数增加。考古学家习惯了在这么长的时间跨度上做研究，常常忘记了普通人很难理解它们。在许多人看来，

石器时代似乎比奥古斯都统治时期早不了多少。我称这一现象为"缩短了的历史"，石器时代、青铜时代和铁器时代在这里被压缩成一个"古代"。

在将一个时代的象征归入另一个时代的标志的过程中，我们遇到了这种对历史的压缩。这一做法又为现代文化所采用。例如，雕琢在石器时代通道墓栋梁和侧石上的螺线装饰在现代艺术、设计和广告中被描述成"凯尔特"主题，尽管它们出现在任何民族可以被称作"凯尔特人"之前数个千纪。

图57　为爱尔兰移民建的费城（Philadelphia）现代公园展示了源自巨石和拉登艺术风格的主题，各个指向的年代相隔数千年

"反时间"（time-transgressive）——一个花哨的名字——借用的一个经典例子与巨石阵有关。我们在第 1 章看到了，巨石阵是石器时代遗迹。它与出自罗马人描述的名为德鲁伊特的祭司阶层其实没有直接联系。然而现代探求者不顾它们在史前史里相隔两千年的事实，缩短了史前史，将德鲁伊特和巨石阵归入单一的想象中的古代。对许多不具有考古学家那种敏锐的时间感和变化感的人，这种缩短考古记录年代的做法似乎是正常的。

这种一缩数千年的其他例子不那么广为人知，但在一个神话可以与一个遗址或遗迹相联系的地方就有它们的身影。在爱尔兰西北部一座名叫诺克纳瑞尔的山上，根据爱尔兰传说中一个神秘的武士女王的名字，一座巨大的未发掘的公元前四千纪的石器时代通道墓被称为米夫女王墓（Queen Meave's Tomb）。即使米夫（Meave）曾经存在过，她也不可能葬在那座墓里，但历史的实物痕迹与更晚近的神话结合给了这个遗址一个复合身份。考古学家们自己将这座墓称作"米夫"，宁愿适应这个现代用法，而不是声称他们明白这座通道墓与一位凯尔特女王毫无关系。

媒体上的蛮族

考古发现一直是好故事的来源。《新苏黎世报》（*Neue Zürcher*

Zeitung）经常报道 1854 年凯勒对瑞士湖上史前聚落的发现，而凯勒则确保这家报纸随时了解他的最新发现，以及他关于木桩屋形式的理论。20 世纪 30 年代，比斯库平的发掘在波兰报纸上被描述成"波兰的庞贝"，波兰重要政客和教士对发掘地的访问被广为宣传。我有一个文件夹里装满了关于我和同事理夏德·格雷吉尔（Ryszard Grygiel）在波兰库亚维地区布热希奇（Brześć Kujawski）和奥斯万基（Osłonki）的石器时代遗址发掘的剪报。一名当地记者定期来采访我们，我们也确保为他留个好故事。

考古也是一个适合印刷精美的通俗杂志时代的好话题。《伦敦新闻画报》（Illustrated London News）正常刊登欧洲考古专题。许多文章配有艾伦·索雷尔（Alan Sorrell，1904—1974）绘制的插图。作为 20 世纪中叶可能是最好的考古插图作者，他亲临现场观察、描绘，将它们栩栩如生地表现出来。[4] 他的梅登堡鸟瞰图显示了这个堡垒系统的错综复杂。《国家地理》（National Geographic）至今还在延续插图精美的考古学文章的传统，并且终于关注起蛮族世界，刊登了关于奥茨冰人、巨石阵和欧洲温带地区其他发现的文章。

因为考古学本身有视觉上的吸引力，电台的黄金时代对于推广它没多大作为。直到第二次世界大战后电视的问世，考古学才找到一个激发公众兴趣的新媒体。1951 年，费城宾夕法尼亚大学博物馆馆长弗勒利希·雷尼（Froelich Rainey，1907—1992）开始主持一个名为《到底是什么？》（*What in the World?*）的节目。节目上，一个神秘的功能不明的考古或人种史物品被提交给一个从宾夕法尼亚州考古学家和人类学家里选出的专家小组。他们尝试搞清它是什么和它的文化背景。[5] 该节目播了约 15 年，是我在费城成长期间与考古学的第一次接触。

《到底是什么？》的成功在国际考古界流传开来，催生了 1952 年在 BBC 首播的《动物、植物，还是矿物？》（*Animal, Vegetable or Mineral?*）。节目由剑桥大学考古学家格伦·丹尼尔（Glyn Daniel，1914—1986）主持，但它将常客莫蒂默·惠勒爵士（Sir Mortimer Wheeler，1890—1976）捧成了明星，以致他被评为 1954 年的英国"年度电视人物"。[6] 惠勒留有一副上翘的八字胡，有着军人的仪表和机敏的谈吐，是天生的电视明星。20 世纪 50 年代，他继续出现在其他考古节目上。

经历了几十年的相对沉寂后，考古学似乎再次在电视上无处不在。国家地理和发现（Discovery）这类频道在节目安排上将考古专题置于突出位置。《时间团队》（*Time Team*）每集记录考古学家对一个遗址的发掘，在英国 4 频道（Channel 4）播了近 20 年。巨石阵的最新发现总是适合一个小时的电视节目，奥茨冰人也时不时在关于他的死亡的新理论公布时现个身。大部分节目从专业考古学家的建议中获益，他们拥有方法上和解读上的标准，经常自己成为媒体人物。

图 58　莫蒂默·惠勒爵士，《动物、植物，还是矿物？》节目明星

另一个正常制造新闻的考古事件是纽格兰奇墓的冬至庆祝活动。新德鲁伊特（neo-druid）窃取了巨石阵的夏至，与此不同，纽格兰奇墓的冬至纪念活动直接承认它的石器时代修建者将一种天文排列融入墓中。许多人聚集在它的赝品石灰石正面等待黎明。初升的太阳在早上 8∶58 照进通道，只有少数人可以进到其中体会这个效果。这些幸运者的确定采取了每年一次免费抽签的方式。[7]实际上，这个效果从 12 月 18 日到 23 日都可观察到，这六个上午的幸运者抽自逾 2 万名申请者。可惜在爱尔兰的冬季，太阳照进通道的可能性永远不能确定。即使不能走进去，像石器时代的人那样，在黑暗中等待一年里最漫长夜晚结束的感觉肯定也会非常强烈。

为国服务的蛮族

考古学在现代社会的一个重要作用是它可以推动一份共同民族身份的建立，为领导人及其政策提供合法性。对此公众鲜有意识。考古学家通常很不满意这种对他们学问的窃取。过去一个世纪以来，一些考古学家积极抵制，另一些则在国家的赞助下发展自己的事业，但大部分人则尽力忽视这一点，埋头做自己的研究和学问。然而大部分公众不知道的是，考古遗迹、遗址和发现经常被转变成一些象征，再为了适合一个政治意图受到操纵。直到近年，考古学

家才开始反思，他们的学科是如何被用来给民族起源故事和领土要
求提供合法性注解的。

1852—1870 年在位的法国皇帝拿破仑三世（Napoleon Ⅲ，1808—
1873）是第一个认识到考古学潜力的国家领导人。他寻求建立一个
与高卢人和罗马人都有联系的民族身份。这可不是件容易的事。抵
抗外国侵略者的高卢人似乎是天然的英雄候选人，但历史上的
法国从罗马人那里得到了它的语言、文化和制度，因此罗马人
最终也成了好人。这不是简单的"我们对他们"或一场面对压
迫者的壮烈失败。因此拿破仑三世选了三座恺撒提到的城镇，
将它们变成象征性的焦点。[8] 这三座城镇——阿莱西亚、比布拉
克特和日尔戈维亚（Gergovia）——全部与维钦托利和他公元
前 52 年与恺撒的战争有关。在比布拉克特，维钦托利被选中领
导几个部落的联盟；在日尔戈维亚，他打了胜仗；在阿莱西亚，
他被恺撒打败。

阿莱西亚被选为获得最集中投资的遗址。拿破仑三世委托了
发掘工作，给予了慷慨的财政支持。1865 年，艾梅·米勒（Aimé
Millet）制作的 6.7 米（22 英尺）高的维钦托利雕像被竖在著名建
筑师维欧勒 - 勒 - 杜克（Viollet-le-Duc）设计的精巧底座上。维钦
托利被拔高到爱国者的地位，华丽的献词将拿破仑三世与他相提并
论。与此同时，作为文明战胜野蛮的恺撒的征服也被援用于支持法

国在非洲和太平洋地区的殖民。对过去的物质证明与该证明在阿莱西亚的永久化合并了两个信息：作为抵抗者的高卢人和作为文明者的罗马人，二者的结合构成了法国的民族身份。

日尔戈维亚和比布拉克特的发掘也得到了拿破仑三世资助，但它们向圣地的转化要来得晚些。法兰西第二帝国（Second Empire）在 1870 年俄法战争（Franco-Prussian War）中的突然结束打破了这项计划。这些遗址在国家集体记忆中的角色从高卢抵抗者和罗马文明人间的复杂关系转变为单纯地抵抗外国侵略者的民族主义思想。这个侵略者就是德国人。在日尔戈维亚，维钦托利的纪念碑直到1900 年才竖立起来，到那时，唯一的集体记忆是失败和报复的欲望。生怕有人不理解这一信息，同样抵抗外国占领者的圣女贞德（Joan of Arc）雕像被加到阿莱西亚的维钦托利雕像旁。

在拿破仑三世制造一个民族起源神话的尝试中，维钦托利被提升到民族英雄的高度，约在同一时期，类似过程也在德国发生。正如罗马人是法国叙事的中心，他们也在德国叙事中发挥了中心作用。区别在于，在法国，罗马人最终取得胜利，用他们的文明照亮了失败但高贵的高卢人；在德国，罗马人遭到惨败，扩张被阻止。这一叙事的中心是阿米尼乌斯在条顿堡林山全歼瓦卢斯及其军团。在这份叙事中，罗马人是绝对的坏人，日耳曼人则获得胜利。

图 59　法国勃艮第地区奥克苏瓦山（Mont Auxois），艾梅·米勒制作的维钦托利纪念雕像

图 60　条顿堡林山的阿米尼乌斯（赫尔曼）纪念雕像

19世纪，阿米尼乌斯一名被改为赫尔曼（Hermann），这一误译有时被归于（尽管这一点尚有争议）马丁·路德（Martin Luther）。19世纪的德国邦国林立，如巴伐利亚和普鲁士，当时的民族主义者将赫尔曼当成共同祖先的代表。[9]毕竟，阿米尼乌斯（赫尔曼）组织了一个打败罗马人的联盟。而且，法国人关于其罗马起源的说法也对此推波助澜，因为它让德国人得以在自己和拿破仑的法国间划一条界限，后者无疑也会像瓦卢斯一样注定要失败。

这个复杂的联系网络带来了一个问题。蛮族世界在多少世纪后被用于构造一个对推动民族（主义）目标有用的历史。那个问题并非一以贯之，但它提供了上述利用的一些早期例子。暂时而言，这些目标是象征性的，与对世界的控制无关。第一次世界大战为这样的计划提供了另一个推动力，并且像它的许多未曾预料的后果一样，开启了历史利用的下一个篇章。在这一章，对蛮族世界的考古被加上了为历史主张背书的目标。这一时期的德国，考古学家古斯塔夫·科辛纳（1858—1931）成为突出人物。今天，绝对没人将科辛纳看成好人，但在他的时代，他在考古上的一般方法与同代人没有多大区别。[10]他将具有独特类型和风格的特色文物看成一个特定区域内的集体归属的标记。科辛纳的研究集中于日耳曼人与斯拉夫人之间的边境地区，时间上主要为公元一千纪。某些文物被识别成日耳曼人的，另一些则是斯拉夫人的标志。贸易和其他形式的联系则不予考虑。今天，我们不会如此简单地画等号，但在 20 世纪头几十年，这是考古思想的主流。

科辛纳的错误之处在于，他坚决主张延续到信史时代的文化群体间有明确而且无法逾越的边界。科辛纳的观点正好为民族主义者所用。那些人的原则是，一旦一个地区曾为日耳曼人定居，德国作为一个国家就永远可以主张对该地区的权利。他们根据这个原则寻求对东方土地主张的证明。科辛纳赞同这样的想法，尤其赞同公开表达民族主义观点的通俗作品。他的观点是维斯瓦河流域在 20 世纪应该属于德国，他对该地区遗址上的古代日耳曼文物的识别支持这个观点。而且，他认为古代和现代日耳曼人在文化上优于生活在他们西方和东方的民族。

科辛纳死于 1931 年，两年之内，阿道夫·希特勒及其纳粹党在柏林掌权，开始了也许是有史以来最紧密的考古学家和一个国家政府联系的时期，以推行一个官方的历史观，为之提供佐证。[11] 参与的考古学家五花八门，有科辛纳的门生，有看到新秩序下的职业机会的其他人。总体而言，纳粹政权开展了两场独立的考古行动，一场由纳粹党思想家阿尔弗雷德·罗森堡（Alfred Rosenberg，1900—1946）主持，另一场则在党卫军头目海因里希·希姆莱（Heinrich Himmler，1900—1945）领导的机构内进行。两者共有同一个目标：证实源自史前的日耳曼民族种族身份的神话故事，及最终证实日耳曼在征服土地上的先前存在。

罗森堡部门的主要历史学家汉斯·赖纳特（Hans Reinerth，1900—1990）是科辛纳在柏林的继承人，是第 2 章提到的青铜时代瓦瑟堡布豪湖畔聚落的发掘者。他获得了德国史前史帝国代表（Reich Deputy for German Prehistory）称号，总管德国史前史联盟（Confederation for German Prehistory）。这个联盟推动支持德国种族理论和爱国狂热的考古研究。罗森堡有自己关于史前史的思想，包括日耳曼民族源自一座消失的大西洋岛屿——一个北欧—雅利安的亚特兰蒂斯（Nordic-Aryan Atlantis）——的理论。

1936 年，作为对日耳曼遗产迷恋的一部分，不甘落后的希姆莱将一个考古研究组收入他的党卫军机构。这个更大的团体成了党卫军祖先遗产组织的一个部门。这个包括许多不同历史学科的综合组织旨在创造一个关于德国历史的构想。党卫军祖先遗产组织的活动不仅仅限于中欧德国腹地。除国内研究外，希姆莱还发起考察，在近东（Near East）和西藏寻找雅利安先驱的证据。第二次世界大战爆发时，一场对玻利维亚的考察被取消。如果这听上去很熟悉，那是因为党卫军遗产组织的海外活动是电影《夺宝奇兵》（*Raiders of the Lost Ark*，1981）和《夺宝奇兵 3》（*Indiana Jones and the Last Crusade*，1989）里的纳粹人物的灵感来源。

德军占领欧洲其他部分时，党卫军祖先遗产组织的考古学家进入德占区。1940—1942 年，一个党卫军遗产组织团队在比斯库平发掘，将它重新命名为乌尔施塔特（Urstadt）。1940 年，法国沦陷后，罗森堡一伙很快来到法国研究卡纳克（Carnac）的史前巨石柱，作为在布立吞人口中制造分离主义情绪的一次流产阴谋的一部分，看它们能否建立一份雅利安联系。党卫军遗产组织对罗森堡的组织抢先赶到那里很不满意，但在次年，它将注意力转向克里米亚半岛（Crimea）和高加索地区（Caucasus）。

第二次世界大战后，一些纳粹考古学家被逐出考古学科，或者被贬到地方任职，如赖纳特就成了下乌尔丁根（Unteruhlding-en）木桩建筑博物馆的馆长。其他人，如在 1940 年成为党卫军祖先遗产组织考古部门头子的赫伯特·扬孔（Herbert Jankuhn，1905—1990），通过了一次敷衍了事的去纳粹化程序后，继续其重要考古学家的学术生涯。[12]

与此同时，在日尔戈维亚，这个成为纪念地的遗址被菲利普·贝当（PhiLippe Pétain，1856—1951）元帅用于合法化他的维希（Vichy）政权。1942 年，贝当为了唤起对英雄维钦托利的记忆和将高卢与他本人联系起来，围绕 1900 年竖立的纪念碑组织了一场有第一次世界大战老兵参加的纪念仪式。阿莱西亚有太多的反日耳曼历史背景，对维希政权的主人来说不太合适，因此日尔戈维亚是一个更可取的选择。没人特别在意这个将英雄的维钦托利与屈从的贝当联系起来的尝试。[13]

第二次世界大战后，考古学家更加意识到他们的学术领域被用于政治操纵的潜力。许多同事为了换取专业研究的许可而乐于从事这类活动的做法警醒了他们。而且，这一学科也远离了科辛纳采用的追踪史前史晚期民族边界存在的方法。然而，这个领域一直都有政客的存在。如20世纪80年代，弗朗索瓦·密特朗（François Mitterrand，1916—1996）让人在比布拉克特竖起一座纪念碑，10年后又在那里建造了一座巨大的博物馆，试图将维钦托利的故事与一个泛欧洲的"凯尔特"身份联系起来。[14]虽然最终没能实现，但他甚至表达了葬在那里的愿望。

文物管理

今天，蛮族世界的考古记录属于一个"文物管理"活动的领域。虽然还在历史物质遗迹管理工作的框架内，在某种意义上，文物管理将国家遗产引向更有益的轨道上。考古学家的参与对文物管理不可或缺。现在，它构成了许多国际考古大会程序的主要部分。国家遗产管理计划促成了许多受到发展威胁的遗址的发掘和保护，以及对非法文物贸易的禁止。

每个欧洲国家都有一个政府机构负责监督文物管理方面的考古

工作。其中一些本身就具有悠久的历史传统，如瑞典国家遗产委员会（Riksantikvarieämbetet）的历史可追溯到 17 世纪。除法律人员外，这些政府机构通常还有来自考古学、建筑学、博物馆、规划、旅游和工程方面的代表。在苏格兰，为了反映一个更为整体的文物管理观，前称苏格兰历史局（Historic Scotland）的机构于 2015 年改名为苏格兰历史环境局（Historic Environment Scotland）。

许多欧盟成员国的领土在蛮族世界之内。欧盟有一系列保护文物同时制止国际文物贸易的立法。虽然许多这类贸易来自地中海和近东，蛮族世界的文物也受到收藏家追捧。他们不知道自己对这些物品的追求促成了对遗址的盗窃和毁坏。让我向读者呼吁，切勿从任何人手里购买文物。考古记录是我们从过去继承的遗产，应该让所有人都能在博物馆和通过它的专业研究感受到它。

在欧洲各地，尤其是在爱尔兰和波兰这类直到近年才有大规模道路和管线投资的国家，基础设施建设推动了拯救考古学的爆发。拯救考古学自建立以来一直在开展，但经常与当地的建设有联系。现在，公路和管线正在乡间撕开长长的口子，并且经常切过考古遗址丰富的地区。我自己在波兰的研究中，A-1 公路的建设带来了与早期农民及史前时期晚期有关的大量新数据。这类研究的花费通常写入建设合同中，从而有了"开发商付费的考古"一词的使用。除大学和博物馆这类研究机构外，考古学家还建立了私营考古公司来投标拯救项目。

请不要自己扛上一把锹去尝试探索蛮族世界。独立发掘在几乎每个欧洲国家都是非法的。考古调查的许可由有权机关签发给负责任的组织。如果你想亲手触摸地里的文物，你该找一个接受志愿者的考古项目。本书读者将会明白，古代物品只有在其发现背景得到记录的情况下才能提供有益信息。以19世纪文物收藏人的方式挖掘会破坏重要的考古证据。

然而，媒体几乎每个月都会报道非考古学家对蛮族宝藏的新发现。许多是建设期间的偶然发现的结果，这种事通常会导致工程停工到考古学家可以调查为止。对物品和遗址的偶然发现可以追溯到考古学开创之初，我们也屡次看到重要发现是如何以这种方式做出的。经常，像多佛尔船的例子那样，重要发现可以在现场研究后迅速转移保存。其他时候，它们会引发数年的调查。

本书数处提到使用金属探测器的爱好者对遗址的发现。这似乎与上面关于独立发掘一般为非法的说法相矛盾。各国关于使用金属探测器的法律大不相同。在许多国家，如卢森堡，未经许可的探测是非法的。在其他地方，法律有点模糊。它们特别禁止出于考古发现或在已知考古遗址上的非法探测，但寻找现代钱币和首饰被认为可以接受。问题在于，金属探测爱好者区别不了一枚1990年的硬币和一块青铜项环。这一法律灰色地带意味着金属探测在欧洲许多地区是一个很普遍的爱好。

在美国，金属探测器使用者受到专业考古学家谴责。与此不同，在一些欧洲国家，考古社会和金属探测爱好者间建立了一种积极有效的关系。前面章节将瑞典的乌普恰这类遗址描述成这种关系带来良好结果的地方。在英国，人们认识到，除了通过金属探测外，文物也可能在园艺或散步这类活动期间被发现。1997 年的《可移动文物计划》（Portable Antiquities Scheme）提供了园艺工（和金属探测器使用者）将发现提请当局注意及让它们得到记录的一条途径。[15] 它将"珍宝"定义为 300 年以上的任意部分为金或银的物品（不包括孤立的未经修改的钱币），发现者可获得奖励。考古学家无权得奖。

造访蛮族

与蛮族世界联系的最直接方式是通过他们制作的物品、他们居住和埋葬逝者的遗址，以及在某些情况下那些人自身的遗骸。欧洲有许多考古博物馆和保存及复原的遗址。一份全面的关于蛮族世界的博物馆和遗址的手册超出了本书范围，但它们列在每一本旅行指南中。详细的国家地图，尤其是不列颠群岛的英国地形测量局（Ordnance Survey）地图，经常会显示遗址位置。考古遗址和博物馆

图 61 霍伊讷堡还原的铁器时代建筑，泥砖墙在背后。注意右侧两所房子间的四柱谷仓

是重要旅游景点，为了促进餐饮住宿等旅游服务的增长，史前聚落的重建得到地方政府的推动。

考虑到这些国家为他们的考古遗产感到自豪，难怪许多国家的博物馆大量展示发掘自本国聚落、墓葬和沼泽的史前文物。你可以从大的国家博物馆开始，如爱尔兰国家博物馆、大英博物馆（British Museum）、丹麦国家博物馆、法国国家考古博物馆（Musée d'

Archéologie Nationale）和荷兰国立古物博物馆（State Museum of An-
tiquities），但欧洲温带地区的每座大城镇都会有一所考古博物馆。考
古展览经常与自然史展览结合，如汉诺威（Hannover）的下萨克森
州立博物馆（Lower Saxony Landesmuseum）或维也纳自然史博物馆。
在其他地方，博物馆专门用于展示地方性考古发现，如波兰克拉科
夫考古博物馆（Museum of Archaeology in Kraków），或当地的考古发

现，如奥地利哈尔施塔特的哈尔施塔特博物馆（Museum Hallstatt）。

在乡下，许多考古遗址和露天博物馆对游客开放。一些遗址无人看守，如爱尔兰的拉夫克鲁，游客可以在通道墓间自由走动。山上要塞和古城镇通常开放供人在其间散步，而一些船阵就在路边，如瑞典的阿农德石墓（Anundshög）。其他遗址，如巨石阵等，以更详细的解说导游为游客提供多方面体验，但通常需购买门票。

一些情况下，史前建筑的复制品会建在古遗址上方，如在波兰的比斯库平和德国的霍伊讷堡。现在，这个做法遭到文物管理界反对，因为它有可能损害原始遗迹。其他地方，考古遗迹在原址旁甚至完全不同的地方被还原。这些经常是以"实验考古学"（experimental archaeology）的名义进行的。实验考古学是通过还原古代物品或建筑来看看它们需要多大工程、是否成立及耐久情况。还原的古代村庄的著名例子是英国的巴斯特古农场（Butser Farm）和丹麦的莱尔（Lejre）史前村落。扮演者经常住进这些遗址，尝试像蛮族一样生活。比斯库平每年都举办考古节（Archaeological Festival），游客可以体验古代食物，观看蛮族活动的展示。

最后，与蛮族世界的直接联系可以通过与居住在那个世界的一个人待上一会儿来获得。图伦男子安息在日德兰半岛中部锡尔克堡博物馆（Silkeborg Museum）的展示橱窗里，格劳巴勒男子则在附近的奥胡斯。林多男子的尸体可以在大英博物馆看到，而都柏林的爱尔兰国家博物馆则保存着古克洛根人和克洛尼卡万人的遗骸。青铜时代橡木棺墓葬的墓主可以在哥本哈根的丹麦国家博物馆看到。也许最著名的史前人尸体是奥茨冰人，他现在在意大利博尔扎诺的南蒂罗尔考古博物馆（South Tyrol Museum of Archaeology）。与奥茨冰人一起发现于充满冰部分融化的溪谷的物品，在那里得到很好的展示，漫步通过这些展览后，游客从奥茨冰人安息的一个空调隔间旁鱼贯走过。透过一个小窗户可以看到他扭曲干化成木乃伊的尸体，他空洞的双眼阴森可怖地瞪着参观者。虽然感觉有点像守灵，但参观奥茨冰人是一次很好的机会，你可以在 21 世纪感觉到与公元前四千纪那个最著名代表的联系。

也许，参观者还想尝试一件奥茨冰人周边产品。那里有用古代谷物制作的奥茨面包。奥茨比萨饼定期出现在阿尔卑斯山的比萨店里。你可以购买蒂罗尔（Tyrol）的奥地利艺人 DJ·奥茨［DJ Ötzi，格哈德·弗里德尔（Gerhard Fridle）的艺名］的唱片。也许最令人难以忘怀的产品，是那个有冰人形象的奥茨"冰火酒"（ice and fire liqueur）。它的制造商蒂罗尔植物酿酒公司（Tyrol Herbal Distillery）说它是"从一个高潮到另一个高潮的钢丝绳行走！一种有'冰块'的神秘果味烈酒——美味而刺激，让人的感觉为之一振"。你可以直饮、加冰或调成鸡尾酒。因为奥茨烈酒的标准酒精度是 100（50% 酒精），它可以点燃，制造出戏剧性效果。

图 62　奥茨"冰火酒"是奥茨冰人激发起现代想象的一个例子

今天的蛮族世界

2014 年 9 月 5 日，参加完北约峰会后，巴拉克·奥巴马（Barack Obama）总统绕道参观巨石阵。《今日美国》（*USA Today*）报道，说他这样说道："这太酷了。真壮观。这是个特别的地方。"[16] 虽然以前没表现出对史前欧洲的喜好，但奥巴马对一个标志性史前遗迹的访问说明了蛮族世界在公众想象中的地位。研究这些社会的人面临的挑战，是将他们置于从考古学和文字材料中了解的各自背景中，从而让我们理解他们对人类故事的巨大贡献。

考古证据的数量和复杂性不断增加。永远记住，它只代表对过去生活的管窥蠡测，是一只缺了很多拼块而且没有图样的七巧板。在信史中，除了在解读方面及与新发现资源的关系方面，一个几世纪前发现的原始资源不会改变。与此不同，随着新文物被人用更好的方法发现，一项背景不确定的考古发现的重要性会降低。新的分析方法可以处理旧发现，赋予它们新的生命。一个世纪前，谁能预见艾特韦那具棺材里的女孩现在能够向我们讲述她的迁徙和营养故事？

新的考古发现在蛮族世界层出不穷。在大学、博物馆和政府机构传播部门的新闻发布会帮助下，最轰动的新发现登上了媒体。本书重点介绍了其中一部分，包括最近在巨石阵、马斯特农场、拉沃和桑比堡的发现。其他野外和实验室发现没那么意外或不同寻常，够不上媒体报道的程度，但它们也提供了一点点蛮族世界的生活图景，最终给那只七巧板增加了一两个额外的拼块。

斯堪的纳维亚山区融化的雪和冰盖揭开了成百上千处史前物品的面纱。这些物品是猎人和陷阱布设人留下的。他们来追逐聚集在这些冰盖上的猎物，尤其是在夏季。2011年，考古学家在挪威南部伦德布林（Lendbreen）一处冰盖边缘发现一块被折起的织物。[17] 展开后，发现它原来是一件短上衣。放射碳年代测定揭示，它制作于公元230—390年。它的羊毛经过精心挑选，不仅有粗糙的长纤维，还有柔软的细纤维。它们被熟练地织成特别适合高海拔寒冷天气穿着的菱形斜纹料子——古代版北面牌（North Face）外套。菱形斜纹也发现于伊勒普 Å 河谷埋藏的这类水下武器埋藏物里，在保存下来的罗马世界织品中也经常能见到。穿着发现于伦德布林的短上衣的人会不会是一个武士，也许是一个从罗马军队退伍的人，而不是一个简单的山地猎人？

伦德布林短上衣也许看上去不那么惊人。然而，从这样一个简单的发现里可以提取大量信息，有助于连起更多构成我们对蛮族世界了解的点。在欧洲温带地区的田野和沼泽下，在它的山凹特别是它的海滨，更多的物品有待我们去发现。不是所有的铁器时代奢华墓葬都已经出土，也不是最后一处武器埋藏地已经得到发掘。甚至有时候，新的巨石墓会随着泥炭和草皮被揭开而露出来。在实验室，分析化学和古遗传学新技术将带来全新见解。

考古记录将变得日益复杂，对它们的解读无疑也会改变。人们将发现另外的方式来将蛮族世界融入一个对现代社会有用的历史，一些出于好意，可惜还有一些出于邪恶目的。蛮族依然活在现代世界，不光在博物馆，也在所有居住于或游览在他们古老土地上的所有人的想象中。

图 63 发现于挪威伦德布林冰盖中的约公元 300 年的短上衣

注 释

简介

1 虽然"BC"和"AD"明显源自基督教信仰，考古学家一般还是继续将它们用作年代标记。现在许多作者用"BCE"表示"基督纪元前"，"CE"表示"基督纪元"，甚至用"公元"（对谁公用？）来尽力做到宗教中立。本书使用传统的"BC"和"AD"主要是为了与过去和现在的学术文献保持一致。本书选择公元 500 年为截止日期没有特别理由。它大致对应罗马帝国在西方的覆灭。

2 让我解释下。这里指的是梅尔·布鲁克斯的电影和音乐剧《制片人》（*The Producers*，1968 年和 2001 年）里的戏（名为《希特勒的春天》）。阿米尼乌斯是公元 9 年在条顿堡林山打败罗马人的日耳曼人首脑。

3 有时这段话被引成"历史将对我有利，因为我将书写它"，尽管没有迹象表明丘吉尔确实那样说过。上述轶事出自：Clifton Fadiman, *The Little, Brown Book of Anecdotes* (Boston, ma, 1985), p. 122。

4　Peter Rowley-Conwy 在 From Genesis to Prehistory: The Archaeological Three Age System and its Contested Reception in Denmark, Britain, and Ireland (Oxford, 2007) 一书中很好地描述了三时代划分体系的起源和影响。

5　Grahame Clark, *Prehistoric Europe: The Economic Basis* (London, 1952), pp. 10–11.

6　首次用"显眼"形容考古记录突出地区的做法见于: Gordon Barclay, 'Introduction: A Regional Agenda?', in *Defining a Regional Neolithic: The Evidence from Britain and Ireland*, ed. Kenneth Brophy and Gordon Barclay (Oxford, 2009), p. 4。我将这一概念扩大用于欧洲其余地区及史前史晚期的其他时期。

第1章　猎人、渔夫、农民和金属工匠

1　通过分析发现的埃姆斯伯里弓箭手、他的"同伴"和博斯库姆弓箭手群的故事见: Andrew P. Fitzpatrick, *The Amesbury Archer and the Boscombe Bowmen: Bell Beaker Burials on Boscombe Down, Amesbury, Wiltshire* (Salisbury, 2011)。

2　分析化学应用的新方法给考古学家带来了重要的认识手段，我们将在本书中多次看到这一点。同位素是依核内中子数不同而异的同一元素的不同形式。氧同位素根据气候类型和湿度的变化而变化。锶同位素比值在不同年代和结构的岩石中各不相同。从这些岩石中形成的土壤、流过这些土壤的水、吸收那些水的植物，以及最终摄入那些植物的动物和人以

同样的比率吸引了锶同位素。

3　考古学家将本章讨论的时期称作中石器时代（Mesolithic）和新石器时代
　　（Neolithic）。中石器时代指向现代环境条件建立后生活在欧洲温带地区
　　的狩猎—采集部落，新石器时代包含利用驯化植物和动物的定居部落。
　　为了避免过度使用术语，这里没有用这些词汇。

4　Søren H. Andersen, *Tybrind Vig: Submerged Mesolithic Settlements in Den-
　　mark* (Aarhus, 2014), pp. 169–85.

5　Lars Larsson, 'The Skateholm Project: Late Mesolithic Coastal Settlement in
　　Southern Sweden', in *Case Studies in European Prehistory, ed. Peter Bogu-
　　cki* (Boca Raton, fl, 1993), pp. 31–62.

6　在驯育中，选择培育具有可取特征的植物和动物，吃掉剩余的动植物。

7　农业在欧洲传播的概况见：Peter Bogucki, 'The Spread of Early Farming
　　in Europe', *American Scientist*, 84 (May–June 1996), pp. 242–53，尽管一
　　些细节在过去 20 年来发生了改变；更近的学术论述见：Peter Bogucki,
　　'Hunters, Fishers and Farmers of Northern Europe, 9000–3000 bce', in
　　Colin and Paul Bahn, eds, *The Cambridge World Prehistory*, vol. iii (Cam-
　　bridge, 2014), pp. 1835–59。

8　Peter Bogucki, 'The Largest Buildings in the World 7,000 Years Ago', *Ar-
　　chaeology*, xlviii/6 (1995), pp. 57–9.

9　Christian Meyer et al., 'The Massacre Mass Grave of SchöneckKilianstädten

Reveals New Insights into Collective Violence in Early Neolithic Central Europe', *Proceedings of the National Academy of Sciences*, cxii/36 (2015), pp. 11217–22.

10 瑞士湖上史前木桩的发现和早期解读的故事见：Francesco Menotti, *Wetland Archaeology and Beyond: Theory and Practice* (Oxford, 2012), pp. 3–9。

11 Jörg Schibler, Stephanie Jacomet and Alice Choyke, 'Arbon-Bleiche 3', in *Ancient Europe, 8000 bc–ad 1000: An Encyclopedia of the Barbarian World*, vol. i, ed. Peter Bogucki and Pam J. Crabtree (New York, 2004), pp. 395–7.

12 Wolfram Schier, 'Central and Eastern Europe', in *The Oxford Handbook of Neolithic Europe*, ed. Chris Fowler, Jan Harding and Daniela Hofmann (Oxford, 2015), pp. 108–11.

13 一本最近的论述史前欧洲铜矿开采的权威著作见：William O'Brien, *Prehistoric Copper Mining in Europe, 5500–500 bc* (Oxford, 2014)。

14 关于冰人的信息每年都有更新。对他的出世和第一代分析的一份浅显易懂的描述见：Brenda Fowler, *Iceman: Uncovering the Life and Times of a Prehistoric Man Found in an Alpine Glacier* (New York, 2000)。最近的研究集中在冰人的基因组和他携带的各种病原体上。这样的例子可见：Frank Maixner et al., 'The 5300-year-old *Helicobacter pylori* Genome of the Iceman', *Science*, cccli/6269 (2016), pp. 162–5 和 V. Coia et al., 'Whole Mitochondrial dna Sequencing in Alpine Populations and the Genetic Histo-

ry of the Neolithic Tyrolean Iceman', *Scientific Reports*, VI, 18932; DOI: 10.1038/srep18932 (2016)。

15　你可以在博尔扎诺的南蒂罗尔考古博物馆看到奥茨。博物馆的网页详细展示了他的设备和衣物：www.iceman.it。

16　不过他的胃黏膜保存很差，使得这一点无法完全确定。见：Maixner et al., 'The 5300-year old *Helicobacter pylori* Genome of the Iceman', p. 164。

17　7 Klaus Oeggl et al., 'The Reconstruction of the Last Itinerary of Ötzi, the Neolithic Iceman, by Pollen Analyses from Sequentially Sampled Gut Extracts', *Quaternary Science Reviews*, xxvi/7 (2007), pp. 853–61.

18　Patrizia Pernter et al., 'Radiologic Proof for the Iceman's Cause of Death (ca. 5300 bp)', *Journal of Archaeological Science*, xxxiv/11 (2007), pp. 1784–86.

19　一份对蛮族世界巨石遗迹的权威综述见：Magdalena S. Midgley, *The Megaliths of Northern Europe* (London, 2008)；另见众多其他概述，如：Chris Scarre, Exploring Prehistoric Europe (New York, 1998)。

20　虽然博因河谷墓群是这些里面最著名的，我却觉得拉夫克鲁是考古方面最有趣的，而卡罗莫尔则是最近几十年来研究得最透彻的。可惜卡罗基尔的许多坟墓在一个多世纪前被人以很不恰当的方法挖开了。

21　一份很好的概述见：Geraldine Stout, *Newgrange and the Bend of the Boyne* (Cork, 2002)；另见：Geraldine Stout and Matthew Stout, *Newgrange* (Cork, 2008)。

22　对纽格兰奇墓重建的一份批判性评价见：Gabriel Cooney, 'Newgrange: A View from the Platform', *Antiquity*, lxxx/309 (2006), pp. 697–708。

23　The Heritage Council (Ireland), 'Significant Unpublished Archaeological Excavations, 1930–1997, Section 5, Megalithic Tombs/Neolithic Burial Practices', http://heritagecouncil.ie，浏览于 2016 年 7 月 2 日。

24　当然包括：*National Lampoon's European Vacation* (dir. Amy Heckerling, 1985)，及：*This Is Spinal Tap* (dir. Rob Reiner, 1984)。

25　2015 年对杜灵顿垣墙一个"超级巨石阵"的发现是巨石阵故事的最新篇章。见 Elizabeth Palermo, 'Super-henge Revealed: A New English Mystery is Uncovered', www.livescience.com，2015 年 9 月 8 日的若干报道之一。

26　Mike Parker Pearson et al., 'Stonehenge', in *The Oxford Handbook of the European Bronze Age*, ed. Harry Fokkens and Anthony Harding (Oxford, 2013), p. 160.

27　"henge"镇一词在当前考古学上有一个特定含义，指一片堤岸在壕沟之外的圈占地，因此早期阶段的巨石阵严格来说不是"henge"，但获准进入那个类别。

28　Parker Pearson, 'Stonehenge', p. 165.

29　Maria Dasi Espuig, 'Stonehenge Secrets Revealed by Underground Map', www.bbc.com/news，2014 年 9 月 10 日。

30 Oliver E. Craig et al., 'Feeding Stonehenge: Cuisine and Consumption at the Late Neolithic Site of Durrington Walls', *Antiquity*, lxxxix/347 (2015), pp. 1096–1109.

31 对文斯·加夫尼的解读的讨论见：Ed Caesar in 'What Lies Beneath Stonehenge?' www.smithsonianmag.com，2014 年 9 月。

32 Gerald S. Hawkins, *Stonehenge Decoded* (Garden City, ny, 1965).

33 Clive L. N. Ruggles, 'Stonehenge and its Landscape', in *Handbook of Archaeoastronomy and Ethnoastronomy*, ed. Clive L. N. Ruggles (New York, 2015), pp. 1223–38.

第 2 章　联系、仪式和象征

1 William O'Brien, *Prehistoric Copper Mining in Europe*, 5500–500 bc (Oxford, 2014), pp. 105–7.

2 Stephen Shennan, 'Cost, Benefit and Value in the Organization of Early European Copper Production', *Antiquity*, lxxiii/280 (1999), pp. 356–7.

3 见：www.nationalbanken.dk/en/banknotes_and_coins，访问于 2016 年 9 月 15 日。

4 Emília Pásztor, 'Nebra Disk', in *Handbook of Archaeoa-stronomy and Ethnoastronomy*, ed. Clive L. N. Ruggles (New York, 2015), pp. 1349–56.

5 Anthony F. Harding, *European Societies in the Bronze Age* (Cambridge,

2000), pp. 45–8.

6　Peter S. Wells, 'Investigating the Origins of Temperate Europe's First Towns: Excavations at Hascherkeller, 1978–1981', in *Case Studies in European Prehistory*, ed. Peter Bogucki (Boca Raton, fl, 1993), pp. 181–203.

7　Jason Urbanus, 'Fire in the Fens', *Archaeology*, lxx/1, pp. 34–9.

8　Robert Van de Noort, 'Seafaring and Riverine Navigation in the Bronze Age of Europe', in *The Oxford Handbook of the European Bronze Age*, ed. A. F. Harding and H. Fokkens (Oxford, 2013), pp. 382–97.

9　Ole Crumlin-Pedersen, 'The Dover Boat: A Reconstruction Case-study', *International Journal of Nautical Archaeology*, xxxv/1 (2006), pp. 58–71.

10　Johan Ling, 'War Canoes or Social Units? Human Representation in Rock-art Ships', *European Journal of Archaeology*, xv/3 (2012), pp. 465–85.

11　Stuart Needham, Andrew J. Lawson and Ann Woodward, ' "A Noble Group of Barrows": Bush Barrow and the Normanton Down Early Bronze Age Cemetery Two Centuries On', *Antiquaries Journal*, xc (2010), pp. 1–39.

12　青铜时代的棺材、墓主和陪葬品可见哥本哈根的丹麦国家博物馆网站：www.natmus.dk。

13　Karin Margarita Frei et al., 'Tracing the Dynamic Life Story of a Bronze Age Female', *Scientific Reports*, v, 10431; DOI: 10.1038/srep10431 (2015).

14　Mark Brennand et al., 'The Survey and Excavation of a Bronze Age Timber

Circle at Holme-next-the-Sea, Norfolk, 1998–9', *Proceedings of the Prehistoric Society*, lxix (2003), pp. 1–84.

15 Francis Pryor, *Flag Fen: Life and Death of a Prehistoric Landscape* (Stroud, 2005).

16] Joakim Goldhahn and Johan Ling, 'Bronze Age Rock Art in Northern Europe: Contexts and Interpretations', in *The Oxford Handbook of the European Bronze Age*, ed. A. F. Harding and H. Fokkens (Oxford, 2013), pp. 270–90. 另见 Ling, 'War Canoes or Social Units?'。

17 Joakim Goldhahn, 'Bredarör on Kivik: A Monumental Cairn and the History of its Interpretation', *Antiquity*, lxxxiii/320 (2009), pp. 359–71.

18 见 www.museum.ie/Archaeology，2016 年 12 月 1 日页面，尤其是展示在博物馆和网站上的 "Ór – Ireland's Gold" 展览。

19 Mary Cahill, 'Irish Bronze Age Goldwork', *in Ancient Europe, 8000 bc–ad 1000: Encyclopedia of the Barbarian World*, vol. ii, ed. Peter Bogucki and Pam J. Crabtree (New York, 2004), pp. 69–71.

20 Christopher D. Standish et al., 'A Non-local Source of Irish Chalcolithic and Early Bronze Age Gold', *Proceedings of the Prehistoric Society*, lxxxi (2015), pp. 149–77.

21 Dermot F. Gleeson, 'Discovery of Gold Gorget at Burren, Co. Clare', *Journal of the Royal Society of Antiquaries of Ireland*, iv/1 (1934), pp. 138–9.

第 3 章　贸易、盐、希腊人和财富

1 Michael N. Geselowitz, 'Technology and Social Change: Ironworking in the Rise of Social Complexity in Iron Age Central Europe', in *Tribe and Polity in Late Prehistoric Europe*, ed. D. Blair Gibson and Michael N. Geselowitz (New York, 1988), pp. 137–54.

2 Barry W. Cunliffe, *The Ancient Celts* (Oxford, 1997) 一直是其中最优秀的。Michael Morse's *How the Celts Came to Britain* (Stroud, 2005) 探讨了从 18 世纪开始一直持续至今的学术研究中的"凯尔特"社会和文化结构。

3 Józef Kostrzewski, 'Biskupin: An Early Iron Age Village in Western Poland', *Antiquity*, xii/47 (1938), pp. 311–17. 另　见: Anthony Harding and Włodzimierz Rączkowski, 'Living on the Lake in the Iron Age: New Results from Aerial Photographs, Geophysical Survey and Dendrochronology on Sites of Biskupin Type', *Antiquity*, lxxxiv/324 (2010), pp. 386–404。

4 Wojciech Piotrowski, 'The Importance of the Biskupin Wet Site for Twentieth-century Polish Archaeology', in *Hidden Dimensions: The Cultural Significance of Wetland Archaeology*, ed. Kathryn Bernick (Vancouver, 1998), pp. 90–98.

5 Ibid., p. 98.

6 Harding and Rączkowski, 'Living on the Lake in the Iron Age', pp. 389–98.

7 Anton Kern et al., *Kingdom of Salt: 7000 Years of Hallstatt* (Vienna, 2009). 关于哈尔施塔特和史前欧洲盐生产的更广泛的背景，请见：Anthony Harding, *Salt in Prehistoric Europe* (Leiden, 2013)。

8 这些与保存在盐里及来自附近坟墓的许多物品见于维也纳自然历史博物馆：www.nhm-wien.ac.at/en。

9 Bruno Chaume and Claude Mordant, *Le Complexe aristocratique de Vix: Nouvelles recherches sur l'habitat et le système de fortification et l'environnement du Mont Lassois* (Dijon, 2011).

10 Bettina Arnold, 'Eventful Archaeology, the Heuneburg Mudbrick Wall, and the Early Iron Age of Southwest Germany', in *Eventful Archaeologies: New Approaches to Social Transformation in the Archaeological Record*, ed. Douglas J. Bolender (Albany, ny, 2010), pp. 100–114.

11 Manuel Fernández-Götz and Dirk Krausse, 'Rethinking Early Iron Age Urbanisation in Central Europe: The Heuneburg Site and its Archaeological Environment', *Antiquity*, LXXXVII/336 (June 2013), pp. 473–87.

12 Bettina Arnold, 'A Landscape of Ancestors: The Space and Place of Death in Iron Age West - central Europe', in *The Space and Place of Death*, ed. Helaine Silverman and David B. Small (Washington, dc, 2002), pp. 129–43.

13 Jörg Biel, 'The Late Hallstatt Chieftain's Grave at Hochdorf', *Antiquity*, lv/213 (1981), pp. 16–18. 霍赫多夫凯尔特博物馆（Keltenmuseum Hoch-

dorf）展示了墓里的发现，见：www.keltenmuseum.de。

14 J.V.S. Megaw, 'The Vix Burial', *Antiquity*, xl/157 (1966), pp. 38 – 44.

15 15 Jason Urbanus, 'Eternal Banquets of the Early Celts', *Archaeology*, lxviii/6 (November–December 2015), pp. 44–9；另见：'Une tombe princière celte du vᵉ siècle avant notre ère découverte à Lavau', www.inrap.fr, 10 March 2015/18 July 2016。

16 Niall M. Sharples, *English Heritage Book of Maiden Castle* (London, 1991).

17 Barry W. Cunliffe, 'Danebury: The Anatomy of a Hillfort Re-exposed', in *Case Studies in European Prehistory*, ed. Peter Bogucki (Boca Raton, fl, 1993), pp. 259–86.

第 4 章　罗马人遇上铁器时代晚期

1 这个词汇不是考古学家用的，只是本书创造出来，用于描述罗马人碰到的和考古数据里看到的蛮族的社会、技术和艺术特征。

2 Mette Løvschal and Mads Kähler Holst, 'Repeating Boundaries – Repertoires of Landscape Regulations in Southern Scandinavia in the Late Bronze Age and Pre-Roman Iron Age', *Danish Journal of Archaeology*, iii/2 (2014), pp. 95–118.

3 Fokke Gerritsen, 'Domestic Times: Houses and Temporalities in Late Pre-historic Europe', in *Prehistoric Europe: Theory and Practice*, ed. Andrew

Jones (Oxford, 2008), pp. 143–61.

4 Stijn Arnoldussen and Richard Jansen, 'Iron Age Habitation Patterns on the Southern and Northern Dutch Pleistocene Coversand Soils: The Process of Settlement Nucleation', in *Haus-Gehöft-Weiler-Dorf. Siedlungen der vorrömischen Eisenzeit im nördlichen Mitteleuropa*, ed. M. Meyer (Rahden/Westfalen, 2010), pp. 379–97.

5 Arthur Bulleid and Harold St George Gray, *The Glastonbury Lake Village: A Full Description of the Excavations and the Relics Discovered*, 1892–1907 (Glastonbury, 1911); 另见: Stephen Minnitt, 'The Iron Age Wetlands of Central Somerset', in *Somerset Archaeology: Papers to Mark 150 Years of the Somerset Archaeological and Natural History Society*, ed. C. J. Webster (Taunton, 2001), pp. 73–8。

6 Gerard Aalbersberg and Tony Brown, 'The Environment and Context of the Glastonbury Lake Village: A Re-assessment', *Journal of Wetland Archaeology*, x/1 (2013), pp. 136–51.

7 一份开创性的讨论见: Carole L. Crumley, 'Heterarchy and the Analysis of Complex Societies', in *Heterarchy and the Analysis of Complex Societies*, ed. Robert Ehrenreich, Carole L. Crumley and Janet Levy (Washington, dc, 1995), pp. 1–5。

8 Richard Brunning and Conor McDermott, 'Trackways and Roads across the

Wetlands', in *The Oxford Handbook of Wetland Archaeology*, ed. Francesco Menotti (Oxford, 2012), pp. 359–84，提供了一份全面综述。

9　Barry Raftery, 'Ancient Trackways in Corlea Bog, Co. Longford', *Archae-ology Ireland*, i/2 (1987), pp. 60–64; Brunning and McDermott, 'Trackways and Roads across the Wetlands', p. 365. 科利亚古道得到保护，建有一个游客中心。

10　全面综述见：Miranda J. Aldhouse-Green, *Bog Bodies Un-covered: Solving Europe's Ancient Mystery* (London, 2015)。一份更简洁的评论见：Wijnand A. B. van der Sanden, 'Bog Bodies: Underwater Burials, Sacrifices and Executions', *The Oxford Handbook of Wetland Archaeology*, ed. Francesco Menotti (Oxford, 2013), pp. 401–16。

11　图伦男子保存在锡尔克堡博物馆，详细的照片可见网站：www.tolLund-man.dk。

12　Karen E. Lange, 'Tales from the Bog', *National Geographic Magazine*, http://ngm.nationalgeographic.com，2007 年 9 月。

13　现在，我们可以在 www.moesgaardmuseum.dk/en 看到他。

14　林多男子展示在伦敦的大英博物馆，见：www.britishmuse-um.org。

15　Eamonn P. Kelly, 'An Archaeological Interpretation of Irish Iron Age Bog Bodies', in *The Archaeology of Violence: Interdisciplinary Approaches*, ed. Sarah Ralph (Albany, ny, 2013), pp. 232–40. 另见，Lange, 'Tales from the

Bog'。克洛尼卡万人和古克洛根人可以在都柏林的爱尔兰国家博物馆看到，见：www.museum.ie/Archaeology。

16 Kelly, 'An Archaeological Interpretation of Irish Iron Age Bog Bodies', p. 239.

17 Jørgen Jensen, 'The Hjortspring Boat Reconstructed', *Antiquity*, lxiii/240 (1989), pp. 531–5.

18 Klavs Randsborg, *Hjortspring: Warfare and Sacrifice in Early Europe* (Aarhus, 1995), pp. 38–42; 另见：Flemming Kaul, 'The Hjortspring Find: The Oldest of the Large Nordic War Booty Sacrifices', in *The Spoils of Victory: The North in the Shadow of the Roman Empire*, ed. Lars Jørgensen, Birger Storgaard and Lone Gebauer Thomsen (Copenhagen, 2003), p. 218。

19 Barry W. Cunliffe, *Hengistbury Head: The Prehistoric and Roman Settlement*, 3500 bc–ad 500, vol. i (Oxford, 1987).

20 Barry W. Cunliffe, 'Britain and the Continent: Networks of Interaction', in *A Companion to Roman Britain*, ed. *Malcolm Todd* (Oxford, 2003), pp. 1–11.

21 Nico Roymans, *Ethnic Identity and Imperial Power: The Batavians in the Early Roman Empire (*Amsterdam*, 2004)*, p. 4.

22 Colin Wells, 'What's New Along the Lippe: Recent Work in North Germany', *Britannia*, xxix (1998), pp. 457–64.

23 S. Von Schnurbein, 'Augustus in Germania and His New "Town" at Wald-

girmes East of the Rhine', *Journal of Roman Archaeology*, xvi (2003), pp. 93–107.

24 See Tony Clunn, *Quest for the Lost Roman Legions: Discovering the Varus Battlefield* (El Dorado Hills, ca, 2009).

25 Peter S. Wells, *The Battle That Stopped Rome: Emperor Augustus, Arminius, and the Slaughter of the Legions in the Teutoburg Forest* (New York, 2003).

26 在丹麦日德兰半岛阿尔肯恩格（Alken Enge）沼泽发现的一支被屠杀的军队表明，将战败者的骸骨留在战场上也许是一个广为流传的做法。见：Irene Berg Petersen, 'An Entire Army Sacrificed in a Bog', http://sciencenordic.com, 2012 年 8 月 22 日。

27 锶同位素分析指出，其中四人来自巴伐利亚或波希米亚，被解释成代表了一场失败的进攻后被丢弃的日耳曼武士的遗骸。见：Josef Mühlenbrock and Mike Schweissing, ' "Frisch Erforscht!": Die Skelette aus dem römischen Töpferofen in Haltern am See', *Archäologie in Westfalen-Lippe 2009* (2010), pp. 261–5。

28 Gabi Rasbach, 'Waldgirmes', *Archaeological Journal*, clxx, supp. 1 (2013), pp. 18–21.

29 Maria Jażdżewska, 'A Roman Legionary Helmet Found in Poland', *Gladius*, xvii (1986), pp. 57–62.

30 Michael Meyer, 'Roman Cultural Influence in Western Germania Magna',

in *The Oxford Handbook of the Archaeology of Roman Germany*, ed. Simon James and Stefan Krmnicek (Oxford, 2015), doi: 10.1093/oxfordhb/9780199665730.013.8（2016 年 7 月 9 日）。

31 Timothy Taylor, 'The Gundestrup Cauldron', *Scientific American*, cclxi (1992), pp. 84–9. 在哥本哈根的丹麦国家博物馆可见到冈德斯特鲁普银锅，详细介绍可见该博物馆网页：http://en.natmus.dk/historicalknowledge/denmark/prehistoric-period-until-1050-ad/the-early-iron-age/the-gundestrup-cauldron，2016 年 9 月 15 日。

第 5 章　罗马帝国边境以外的蛮族

1 William O'Brien, *Iverni: A Prehistory of Cork* (Cork, 2012), p. 3.

2 在历史作品中，"limes"（古罗马边境的城墙）一词常被用来指代帝国时期的罗马边境。然而，在这些边界得到维持的时期，罗马人自己似乎不用这个词，它似乎是后来才得到使用的。

3 Peter A. Wells, *The Barbarians Speak* (Princeton, nj, 1999), p. 94.

4 Guy Halsall, 'Two Worlds Become One: A "Counter-intuitive" View of the Roman Empire and "Germanic" Migration', *Germanic History*, xxxii (2014), p. 525.

5 借用温斯顿·丘吉尔 1940 年 1 月 20 日的一次广播讲话里的评论。

6 Alexander Bursche, 'Contacts between the Late Roman Empire and

North-central Europe', *Antiquaries Journal*, lxxvi/1 (1996), p. 34.

7 Kai Ruffing, 'Friedliche Beziehungen. Der Handel zwischen den römischen Provinzen und Germanien', in *Feindliche Nachbarn: Rom und die Germanen*, ed. Helmuth Schneider (Cologne, 2008), p. 162.

8 概述见于: Susan A. Johnston, 'Revisiting the Royal Sites', *Emania*, xx (2006), pp. 53–9。

9 Susan A. Johnston, Pam J. Crabtree and Douglas V. Campana, 'Performance, Place and Power at Dún Ailinne, a Ceremonial Site of the Irish Iron Age', *World Archaeology*, xlvi/2 (2014), pp. 206–23.

10 Bursche, 'Contacts between the Late Roman Empire and North-central Europe', p. 34.

11 Halsall, 'Two Worlds Become One', p. 525.

12 Kenneth Harl, *Coinage in the Roman Economy* (Baltimore, md, 1996), p. 296.

13 Svante Fischer, Fernando López-Sánchez and Helena Victor, 'The 5th Century Hoard of Theodosian Solidi from Stora Brunneby, Öland, Sweden: A Result from the Leo Project', *Fornvännen*, cvi/3 (2011), p. 189.

14 Svante Fischer, *Roman Imperialism and Runic Literacy: The Westernization of Northern Europe (150–800 ad)*, series aun 33 (Uppsala, 2005).

15 Artur Błażejewski, 'The Amber Road in Poland: State of Research and Per-

spectives', *Archaeologia Lituana*, xii (2015), pp. 57–63.

16 Leonardo Gregoratti, 'North Italic Settlers along the "Amber Route"', *Studia Antiqua et Archaeologica*, xix/1 (2013), p. 141.

17 Charlotte Fabech and Ulf Näsman, 'Ritual Landscapes and Sacral Places in the First Millennium ad in South Scandinavia', in *Sacred Sites and Holy Places: Exploring the Sacralization of Landscape through Time and Space*, ed. S. W. Nordeide and S. Brink (Turnhout, 2013), pp. 53–109.

18 T. Douglas Price, *Ancient Scandinavia: An Archaeological History from the First Humans to the Vikings* (New York, 2015), p. 317.

19 Klavs Randsborg, 'Beyond the Roman Empire: Archa-eological Discoveries in Gudme on Funen, Denmark', *Oxford Journal of Archaeology*, ix/3 (1990), pp. 355–66; 另有论文见于: Poul Otto Nielsen, Klavs Randsborg and Henr-ik Thrane, eds, *The Archaeology of Gudme and Lundeborg: Papers Presented at a Conference at Svendborg*, October 1991 (Copenhagen, 1994)。

20 Andres S. Dobat, 'Between Rescue and Research: An Evaluation after 30 Years of Liberal Metal Detecting in Archaeological Research and Heritage Practice in Denmark', *European Journal of Archaeology*, xvi/4 (2013), pp. 704–25.

21 L. Jørgensen, 'Gudme-Lundeborg on Funen as a Model for Northern Europe?', in *The Gudme/Gudhem Phenomenon*, ed. O. Grimm and A. Pesch

(Neumünster, 2011), pp. 77–89.

22　乌普恰的发掘故事可见于：http://uppakra.se/en，2016 年 12 月 1 日。

23　Mikael Larsson and Dominic Ingemark, 'Roman Horticulture Beyond the
　　Frontier: Garden Cultivation at Iron Age Uppåkra (Sweden)', *Journal of
　　Roman Archaeology*, ⅩⅩⅧ (2015), pp. 393–402.

24　Lars Larsson, 'The Iron Age Ritual Building at Uppåkra, Southern Swe-
　　den', *Antiquity*, lxxxi/311 (2007), pp. 11–25.

25　自 19 世纪起的关于尼达姆船的众多出版物中，一份好的综述见于：
　　Flemming Rieck, 'The Ships from Nydam Bog', in *The Spoils of Victory:
　　The North in the Shadow of the Roman Empire*, ed. L. Jørgensen, B. Stor-
　　gaard and L. G. Thomsen (Copenhagen 2003), pp. 296–309。

26　可惜那条松木船被劈做了柴火。见：Price, Ancient Scandinavia, p. 296。

27　Jørgen Ilkjær, *Illerup Ådal – Archaeology as a Magic Mirror* (Højb-
　　jerg-Moesgard, 2000)；另见：Price, *Ancient Scandinavia*, pp. 295–6。

28　Andres S. Dobat et al., 'The Four Horses of an Iron Age Apocalypse:
　　War-horses from the Third-century Weapon Sacrifice at Illerup Aadal (Den-
　　mark)', *Antiquity*, lxxxviii/339 (2014), pp.191–204.

29　Halsall, 'Two Worlds Become One', p. 516.

30　Peter J. Heather, *Empires and Barbarians: The Fall of Rome and the Birth of
　　Europe* (New York, 2010), pp. 28–35.

31 Halsall, 'Two Worlds Become One', p. 528.

32 美国考古学家 David Anthony（1990）的一个说法，他认为持续迁徙是文化变革的一个机制。见：David W. Anthony, 'Migration in Archeology: The Baby and the Bathwater', *American Anthropologist*, xcii/4 (1990), pp. 895–914。

33 对哥特人的全面讨论可见于本系列里一部姊妹篇：*The Goths: Lost Civilizations* (London, forthcoming)。

34 Laurie Reitsema and Tomasz Kozłowski, 'Diet and Society in Poland before the State: Stable Isotope Evidence from a Wielbark Population (2nd c. ad)', *Anthropological Review*, lxxvi/1 (2013), pp. 1–22.

35 Przemysław Urba ń czyk, 'The Goths in Poland: Where Did They Come From and When Did They Leave?', *European Journal of Archaeology*, i/3 (1998), pp. 397–415.

36 Ibid., p. 404.

37 Michael Kulikowski, *Rome's Gothic Wars: From the Third Century to Alaric* (New York, 2007), pp. 49–56.

38 Walter Goffart, *The Narrators of Barbarian History (ad 550–800): Jordanes, Gregory of Tours, Bede, and Paul the Deacon* (Princeton, nj, 1988), pp. 105–11.

39 Heather, *Empires and Barbarians*, pp. 123–34.

40 László Bartosiewicz, 'Huns', in *Ancient Europe, 8000 bc–1000 ad: An Encyclopedia of the Barbarian World*, vol. ii, ed. Peter Bogucki and Pam J. Crabtree (New York, 2004), pp. 391–3.

41 Cameron Barnes, 'Rehorsing the Huns', *War and Society*, xxxiv/1 (2015), pp. 1–22.

42 一份权威的传统描述见: Peter Hunter Blair, *An Introduction to Anglo-Saxon England*, 3rd edn (Cambridge, 2003)。

43 支持聚落连续性的观点见: Ken Dark, *Britain and the End of the Roman Empire* (Stroud, 2002), pp. 27–57; 基于基因研究的当地人与移民的分离见: Mark G. Stumpf, P. H. Michael and Heinrich Härke, 'Evidence for an Apartheid-like Social Structure in Early Anglo-Saxon England', *Proceedings of the Royal Society of London B: Biological Sciences*, cclxxiii/1601 (2006), pp. 2651–7。

44 Stanley West, *West Stow: The Anglo-Saxon Village, East Anglian Archaeology*, 24 (Ipswich, 1985).

45 Pam Crabtree, 'Sheep, Horses, Swine, and Kine: A Zooarchaeological Perspective on the Anglo-Saxon Settlement of England', *Journal of Field Archaeology*, xvi (1989), pp. 205–13.

46 Susan S. Hughes et al., 'Anglo-Saxon Origins Investigated by Isotopic Analysis of Burials from Berinsfield, Oxfordshire, uk', *Journal of Archaeologi-*

cal Science, xlii (2014), pp. 81–92.

47 Bailey Young, 'Tomb of Childeric', in *Ancient Europe, 8000 bc–1000 ad: An Encyclopedia of the Barbarian World*, vol. ii, pp. 519–24.

48 Svante Fischer and Lennart Lind, 'The Coins in the Grave of King Childeric', *Journal of Archaeology and Ancient History*, xiv (2015), pp. 3–36.

49 Bonnie Effros, *Merovingian Mortuary Archaeology and the Making of the Early Middle Ages* (Berkeley, ca, 2003).

50 Andrew Curry, 'Öland, Sweden. Spring, ad 480', *Archaeology*, lxix/2 (2016), pp. 26–31.

第 6 章　蛮族永存

1 Henry Steele Commager, 'The Search for a Usable Past', in *The Search for a Usable Past and Other Essays in Historiography*, ed. Henry Steele Commager (New York, 1967), pp. 3–27.

2 René Goscinny, *René Goscinny raconte les secrets d'Astérix* (Paris, 2014). Carine Picaud, ed., Astérix de A à Z (Paris, 2013) . 这是讨论阿斯特克斯的古代和现代社会背景的短篇文集，是为法国国家图书馆的一场关于阿斯特克斯的展览准备的。

3 'Les Gaulois debunks Astérix', www.news24.com，2011 年 10 月 19 日。

4 见：www.alansorrell.ukartists.com。

5　Greg Bailey, 'Television and Archaeology: Views from the uk and Beyond',
in *Encyclopedia of Global Archaeology*, ed. Claire Smith (New York, 2014), p.
7254.

6　Norman Hammond, 'Obituary: Glyn Edmund Daniel, 1914–1986', *American Antiquity*, liv/2 (1989), pp. 234–9.

7　见: www.newgrange.com/solstice-lottery.htm, 2016 年 9 月 15 日。

8　Michael Dietler, 'A Tale of Three Sites: The Monumentalization of Celtic Oppida
and the Politics of Collective Memory and Identity', *World Archaeology*, xxx/1
(1998), pp. 72–89.

9　Andreas Musolff, 'From Teamchef Arminius to Hermann Junior: Glocalised
Discourses about a National Foundation Myth', *Language and Intercultural
Communication*, xii/1 (2012), pp. 24–36.

10　Peter Bogucki, 'Ancient Europe: The Discovery of Antiquity', in *The History
of Archaeology: An Introduction*, ed. Paul Bahn (London, 2014), pp. 27–8.

11　Bettina Arnold, 'The Past as Propaganda: How Hitler's Archaeologists Distorted European Prehistory to Justify Racist and Territorial Goals', *Archaeology*, 45 (July–August 1992), pp. 30–37, 及: Bettina Arnold, " 'Arierdämmerung' : Race and Archaeology in Nazi Germany", *World Archaeology*,
xxxviii/1 (2006), pp. 8–31。

12　Monika Steinel, 'Archaeology, National Socialism, and Rehabilitation: The

Case of Herbert Jahnkuhn (1905–1990)', in *Ethics and the Archaeology of Violence, ed. A. González-Ruibal and G. Moshenska* (New York, 2015), pp. 153–65.

13 Dietler, 'A Tale of Three Sites', pp. 80–81.

14 Ibid., p. 82.

15 Portable Antiquities Scheme, www.finds.org.uk.

16 'Obama at Stonehenge: "How Cool is This?"', *USA Today*, www.usatoday. com，2014 年 9 月 5 日。

17 Marianne Vedeler and Lise Bender Jørgensen, 'Out of the Norwegian Glaciers: Lendbreen – a Tunic from the Early First Millennium ad', *Antiquity*, lxxxvii/337 (2013), pp. 788–801.

参考书目

Aalbersberg, Gerard, and Tony Brown, 'The Environment and Context of the Glastonbury Lake Village: A Re-assessment', *Journal of Wetland Archaeology*, x/1 (2013), pp. 136–51.

Aldhouse-Green, Miranda J., *Bog Bodies Uncovered: Solving Europe's Ancient Mystery* (London, 2015).

Andersen, Søren H., *Ronæs Skov: Marinarkæologiske Undersøgelser Af En Kystboplads Fra Ertebølletid* (Højbjerg, 2009).

——, *Tybrind Vig: Submerged Mesolithic Settlements in Denmark* (Aarhus, 2014) Anthony, David W., 'Migration in Archeology: The Baby and the Bathwater', *American Anthropologist*, xcii/4 (1990), pp. 895–914.

Arnold, Bettina, '"Arierdämmerung": Race and Archaeology in Nazi Germany', *World Archaeology*, xxxviii/1 (2006), pp. 8–31.

——, 'Eventful Archaeology, the Heuneburg Mudbrick Wall, and the Early Iron Age of Southwest Germany', in *Eventful Archaeologies: New Approaches to Social Transformation in the Archaeological Record*, ed. D. J. Bolender (Albany, ny, 2010), pp. 100–114.

——, 'A Landscape of Ancestors: The Space and Place of Death in Iron Age West - central Europe', in *The Space and Place of Death*, ed. H. Silverman and D. B. Small (Washington, dc, 2002), pp. 129–43.

——, 'The Past as Propaganda: How Hitler's Archaeologists Distorted European Prehistory to Justify Racist and Territorial Goals', *Archaeology* (July– August 1992), pp. 30–37.

Arnoldussen, Stijn, and Richard Jansen, 'Iron Age Habitation Patterns on the Southern and Northern Dutch Pleistocene Coversand Soils: The Process of Settlement Nucleation', in *HausGehöftWeilerDorf. Siedlungen der vorrömischen Eisenzeit im nördlichen Mitteleuropa*, ed. M. Meyer (Rahden, 2010), pp. 379–97.

Bailey, Greg, 'Television and Archaeology: Views from the uk and Beyond', in *Encyclopedia of Global Archaeology*, ed. C. Smith (New York, 2014), pp. 7253–9 Barclay, Gordon, 'Introduction: A Regional Agenda?', in *Defining a Regional Neolithic: The Evidence from Britain and Ireland*, ed. K. Brophy and G. Barclay (Oxford, 2009), pp. 1–4.

Barnes, Cameron, 'Rehorsing the Huns', *War and Society*, xxxiv/1 (2015), pp. 1–22.

Bartosiewicz, László, 'Huns', in *Ancient Europe, 8000 bc–ad 1000: An Encyclopedia of the Barbarian World*, ed. P. Bogucki and P. J. Crabtree, vol. ii (New York, 2004), pp. 391–3.

Biel, Jörg, 'The Late Hallstatt Chieftain's Grave at Hochdorf', *Antiquity*, lv/213 (1981), pp. 16–18.

Blair, Peter Hunter, *An Introduction to AngloSaxon England*, 3rd edn (Cambridge, 2003).

Błażejewski, Artur, 'The Amber Road in Poland: State of Research and Perspectives', *Archaeologia Lituana*, xii (2015), pp. 57–63.

Bogucki, Peter, 'Ancient Europe: The Discovery of Antiquity', in *The History of Archaeology: An Introduction*, ed. P. Bahn (London, 2014), pp. 15–38.

——, 'Hunters, Fishers and Farmers of Northern Europe, 9000–3000 bce', in *The Cambridge World Prehistory*, ed. C. Renfrew and P. Bahn, vol. iii (Cambridge, 2014), pp. 1835–59.

——, 'The Largest Buildings in the World 7,000 Years Ago', *Archaeology*, xlviii/6 (1995), pp. 57–9.

——, 'The Spread of Early Farming in Europe', *American Scientist*, 84 (May–June 1996), pp. 242–53.

——, and Pam J. Crabtree, eds, *Ancient Europe, 8000 bc–ad 1000: An Encyclopedia of the Barbarian World*, 2 vols, (New York, 2004).

Brennand, Mark, et al., 'The Survey and Excavation of a Bronze Age Timber Circle at Holme-next-the-Sea, Norfolk, 1998–9', *Proceedings of the Prehistoric Society*, lxix (2003), pp. 1–84.

Brophy, Kenneth, and Gordon Barclay, eds, *Defining a Regional Neolithic: The Evidence from Britain and Ireland* (Oxford, 2009).

Brunning, Richard, and Conor McDermott, 'Trackways and Roads across the Wetlands', in *The Oxford Handbook of Wetland Archaeology*, ed. F. Menotti (Oxford, 2012), pp. 359–84.

Bulleid, Arthur, and Harold St George Gray, *The Glastonbury Lake Village: A Full Description of the Excavations and the Relics Discovered, 1892–1907* (Glastonbury, 1911).

Bursche, Aleksander, 'Contacts between the Late Roman Empire and North-central Europe', *Antiquaries Journal*, lxxvi/1 (1996), pp. 31–50.

Cahill, Mary, 'Irish Bronze Age Goldwork', *Ancient Europe, 8000 bc–ad 1000: An Encyclopedia of the Barbarian World*, ed. P. Bogucki and P. J. Crabtree, vol. ii (New York, 2004), pp. 69–71.

Chaume, Bruno, and Claude Mordant, *Le Complexe aristocratique de Vix: Nouvelles recherches sur l'habitat et le système de fortification et l'environnement du Mont Lassois* (Dijon, 2011).

Clark, Grahame, *Prehistoric Europe: The Economic Basis* (London, 1952).

Coia, V., et al., 'Whole Mitochondrial dna Sequencing in Alpine Populations and the Genetic History of the Neolithic Tyrolean Iceman', *Scientific Reports*, vi, 18932; DOI: 10.1038/srep18932 (2016).

Commager, Henry Steele, 'The Search for a Usable Past', in *The Search for a Usable Past and Other Essays in Historiography*, ed. H. S. Commager (New York, 1967).

Cooney, Gabriel, 'Newgrange: A View from the Platform', *Antiquity*, lxxx/309 (2006), pp. 697–708.

Crabtree, Pam J., 'Sheep, Horses, Swine, and Kine: A Zooarchaeological Perspective on the Anglo-Saxon Settlement of England', *Journal of Field Archaeology*, xvi/2 (1989), pp. 205–13.

Craig, Oliver E., et al., 'Feeding Stonehenge: Cuisine and Consumption at the Late Neolithic Site of Durrington Walls', *Antiquity*, lxxxix/347 (2015), pp. 1096–1109.

Crumley, Carole L., 'Heterarchy and the Analysis of Complex Societies', in *Heterarchy and the Analysis of Complex Societies*, ed. R. Ehrenreich, C. L. Crumley and J. Levy (Washington, dc, 1995), pp. 1–5.

Crumlin-Pedersen, Ole, 'The Dover Boat: A Reconstruction Case-Study', *International Journal of Nautical Archaeology*, xxxv/1 (2006), pp. 58–71

Cunliffe, Barry W., *The Ancient Celts* (Oxford, 1997).

——, 'Britain and the Continent: Networks of Interaction', in *A Companion to Roman Britain*, ed. M. Todd (Oxford, 2003), pp. 1–11.

——, *Britain Begins* (Oxford, 2013).

——, 'Danebury, the Anatomy of a Hillfort Re-exposed', in *Case Studies in European Prehistory*, ed. P. Bogucki (Boca Raton, fl, 1993), pp. 259–86.

——, *Hengistbury Head: The Prehistoric and Roman Settlement, 3500 bc–ad 500*, vol. i (Oxford, 1987).

Curry, Andrew, 'Öland, Sweden. Spring, ad 480', *Archaeology*, lxix/2 (2016), pp. 26–31.

Dark, Ken, *Britain and the End of the Roman Empire* (Stroud, 2002) Dietler, Michael, 'A Tale of Three Sites: The Monumentalization of Celtic.

Oppida and the Politics of Collective Memory and Identity', *World Archaeology*, xxx/1 (1998), pp. 72–89.

Dobat, Andres S., Between Rescue and Research: An Evaluation after 30.

Years of Liberal Metal Detecting in Archaeological Research and Heritage Practice in Denmark', *European Journal of Archaeology*, xvi/4 (2013), pp. 704–25.

——, et al., 'The Four Horses of an Iron Age Apocalypse: War-horses from the Third-century Weapon Sacrifice at Illerup Aadal (Denmark)', *Antiquity*, lxxxviii/339 (2014), pp. 191–204.

Fabech, Charlotte, and Ulf Näsman, 'Ritual Landscapes and Sacral Places in the First Millennium ad in South Scandinavia', in *Sacred Sites and Holy Places: Exploring the Sacralization of Landscape through Time and Space*, ed. S. W. Nordeide and S. Brink (Turnhout, 2013), pp. 53–110.

Fernández-Götz, Manuel, and Dirk Krausse, 'Rethinking Early Iron Age Urbanisation in Central Europe: The Heuneburg Site and its Archaeological Environment', *Antiquity*, lxxxvii/336 (2013), pp. 473–87.

Fischer, Svante, and Lennart Lind, 'The Coins in the Grave of King Childeric', *Journal of Archaeology and Ancient History*, xiv (2015), pp. 1–36.

——, Fernando López-Sánchez and Helena Victor, 'The 5th Century Hoard of Theodosian Solidi from Stora Brunneby, Öland, Sweden: A Result from the Leo Project', *Fornvännen*, cvi/3 (2011), pp. 189–204.

Fitzpatrick, Andrew P., *The Amesbury Archer and the Boscombe Bowmen: Bell Beaker Burials on Boscombe Down, Amesbury, Wiltshire* (Salisbury, 2011).

Fowler, Brenda, *Iceman: Uncovering the Life and Times of a Prehistoric Man Found in an Alpine Glacier* (New York, 2000).

Frei, Karin Margarita, et al., 'Tracing the Dynamic Life Story of a Bronze Age Female', *Scientific Reports 5*, article no. 10431.

Gerritsen, Fokke, 'Domestic Times: Houses and Temporalities in Late Prehistoric Europe', in *Prehistoric Europe: Theory and Practice*, ed. A. Jones (Oxford,

2008), pp. 143–61.

Geselowitz, Michael N., 'Technology and Social Change: Ironworking in the Rise of Social Complexity in Iron Age Central Europe', in *Tribe and Polity in Late Prehistoric Europe*, ed. D. B. Gibson and M. N. Geselowitz (New York, 1988), pp. 137–54.

Gleeson, Dermot F., 'Discovery of Gold Gorget at Burren, Co. Clare', *Journal of the Royal Society of Antiquaries of Ireland*, iv/1 (1934), pp. 138–9.

Goffart, Walter, *The Narrators of Barbarian History (ad 550–800): Jordanes, Gregory of Tours, Bede, and Paul the Deacon* (Princeton, nj, 1988).

Goldhahn, Joakim, 'Bredarör on Kivik: A Monumental Cairn and the History of its Interpretation', *Antiquity*, lxxxiii/320 (2009), pp. 359–71.

Goscinny, René, *René Goscinny raconte les secrets d'Astérix* (Paris, 2014) Gregoratti, Leonardo, 'North Italic Settlers along the "Amber Route"', *Studia Antiqua et Archaeologica*, xix/1 (2013), pp. 133–53.

Halsall, Guy, 'Two Worlds Become One: A "Counter-intuitive" View of the Roman Empire and "Germanic" Migration', *German History*, xxxii/4 (2014), pp. 515–32.

Hammond, Norman, 'Obituary: Glyn Edmund Daniel, 1914–1986', *American Antiquity*, liv/2 (1989), pp. 234–9.

Harding, Anthony, *European Societies in the Bronze Age* (Cambridge, 2000).

——, *Salt in Prehistoric Europe* (Leiden, 2013).

——, and Włodzimierz Rączkowski, 'Living on the Lake in the Iron Age: New Results from Aerial Photographs, Geophysical Survey and Dendrochronology on Sites of Biskupin Type', *Antiquity*, lxxxiv/324 (2010), pp. 386–404.

Harl, Kenneth W., *Coinage in the Roman Economy, 300 bc to ad 700.* (Baltimore, md, 1996).

Hawkins, Gerald S., *Stonehenge Decoded* (Garden City, ny, 1965).

Heather, Peter J., *Empires and Barbarians: The Fall of Rome and the Birth of Europe* (New York, 2010).

Hughes, Susan S., et al., 'Anglo-Saxon Origins Investigated by Isotopic Analysis of Burials from Berinsfield, Oxfordshire, UK, *Journal of Archaeological Science*, xlii (2013), pp. 81–92.

Ilkjær, Jørgen, *Illerup* Ådal – *Archaeology as a Magic Mirror* (Højbjerg, 2000).

Jażdżewska, Maria, 'A Roman Legionary Helmet Found in Poland', *Gladius*, 17 (1986), pp. 57–62.

Jensen, Jørgen, 'The Hjortspring Boat Reconstructed', *Antiquity*, lxiii/240 (1989), pp. 531–5.

Johnston, Susan A., 'Revisiting the Irish Royal Sites', Emania, xx (2006), pp. 53–9.

——., Pam J. Crabtree and Douglas V. Campana, 'Performance, Place and Power at Dún Ailinne, a Ceremonial Site of the Irish Iron Age', *World Archaeology*, xlvi/2 (2014), pp. 206–23.

Jones, Carleton, *The Burren and the Aran Islands* (Cork, 2004) Jørgensen, Lars, 'Gudme-Lundeborg on Funen as a Model for Northern Europe?', in *The Gudme/Gudhem Phenomenon*, ed. O. Grimm and A. Pesch (Neumünster, 2011), pp. 77–89.

——, Birger Storgaard and Lone Gebauer Thomsen, eds, *The Spoils of Victory: The North in the Shadow of the Roman Empire* (Copenhagen, 2003).

Kaul, Flemming, 'The Hjortspring Find: The Oldest of the Large Nordic War Booty Sacrifices', in *The Spoils of Victory: The North in the Shadow of the Roman Empire*, ed. L. Jørgensen, B. Storgaard and L. G. Thomsen (Copenhagen, 2003), pp. 212–23.

Kelly, Eamonn P., 'An Archaeological Interpretation of Irish Iron Age Bog Bodies', in *The Archaeology of Violence: Interdisciplinary Approaches*, ed. S. Ralph (Albany, ny, 2013), pp. 232–40.

Kern, Anton, et al., eds, *Kingdom of Salt: 7000 Years of Hallstatt* (Vienna, 2009) Kostrzewski, Józef, 'Biskupin: An Early Iron Age Village in Western Poland', *Antiquity*, xii/47 (1938), pp. 311–17.

Kristiansen, Kristian, 'Decentralized Complexity: The Case of Bronze Age Northern Europe', in *Pathways to Power: New Perspectives on the*

Emergence of Social Inequality, ed. T. D. Price and G. M. Feinman (New York, 2010), pp. 169–92.

Kulikowski, Michael, *Rome's Gothic Wars: From the Third Century to Alaric* (New York, 2007).

Larsson, Lars, 'The Iron Age Ritual Building at Uppåkra, Southern Sweden', *Antiquity*, lxxxi/311 (2007), pp. 11–25.

——, 'The Skateholm Project: Late Mesolithic Coastal Settlement in Southern Sweden', in *Case Studies in European Prehistory*, ed. P. Bogucki (Boca Raton, fl, 1993), pp. 31–62.

Larsson, Mikael, and Dominic Ingemark, 'Roman Horticulture beyond the Frontier: Garden Cultivation at Iron Age Uppåkra (Sweden)', *Journal of Roman Archaeology*, xxviii (2015), pp. 393–402.

Ling, Johan, 'War Canoes or Social Units? Human Representation in Rock-art Ships', *European Journal of Archaeology*, xv/3 (2012), pp. 465–85.

——, and Joakim Goldhahn, 'Bronze Age Rock Art in Northern Europe: Contexts and Interpretations', in *The Oxford Handbook of the European Bronze Age*, ed. H. Fokkens and A. Harding (Oxford, 2013), pp. 270–90.

Lobell, Jarrett A., and Samir S. Patel, 'Clovycavan and Old Croghan Men', *Archaeology*, lxiii/3 (2010).

Løvschal, Mette, and Mads Kähler Holst, 'Repeating Boundaries – Repertoires of Landscape Regulations in Southern Scandinavia in the Late Bronze Age and Pre-Roman Iron Age', *Danish Journal of Archaeology*, iii/2 (2014), pp. 95–118.

Maixner, Frank, et al., 'The 5300-year-old Helicobacter Pylori Genome of the Iceman', *Science*, cccli/6269 (2016), pp. 162–5.

Megaw, John Vincent Stanley, 'The Vix Burial', *Antiquity*, xl/157 (1966), pp. 38–44.

Menotti, Francesco, 'The Pfahlbauproblem and the History of Lake-dwelling Research in the Alps', *Oxford Journal of Archaeology*, xx/4 (2001), pp. 319–28.

——, *Wetland Archaeology and Beyond: Theory and Practice* (Oxford, 2012)

Meyer, Caspar, *GrecoScythian Art and the Birth of Eurasia: From Classical Antiquity to Russian Modernity* (Oxford, 2013).

Meyer, Christian, et al., 'The Massacre Mass Grave of Schöneck-Kilianstädten Reveals New Insights into Collective Violence in Early Neolithic Central Europe', *Proceedings of the National Academy of Sciences*, cxii/36 (2015), pp. 11217–22.

Meyer, Michael, 'Roman Cultural Influence in Western Germania Magna', *The Oxford Handbook of the Archaeology of Roman Germany*, ed. S. James and S. Krmnicek (Oxford, 2015), doi: 10.1093/oxfordhb/ 9780199665730.013.8

(forthcoming in print).

Midgley, Magdalena S., *The Megaliths of Northern Europe* (London, 2008).

Minnitt, Stephen, 'The Iron Age Wetlands of Central Somerset', in *Somerset Archaeology: Papers to Mark 150 Years of the Somerset Archaeological and Natural History Society*, ed. C. J. Webster (Taunton, 2001), pp. 73–8.

Mohen, Jean-Pierre, and Gérard Bailloud, *La Vie quotidienne: Les Fouilles du FortHarrouard* (Paris, 1987).

Morse, Michael, *How the Celts Came to Britain* (Stroud, 2005).

Mühlenbrock, Josef, and Mike Schweissing, '"Frisch Erforscht!": Die Skelette aus dem römischen Töpferofen in Haltern am See', *Archäologie in Westfalen-Lippe 2009* (2010), pp. 261–5.

Musolff, Andreas, 'From Teamchef Arminius to Hermann Junior: Glocalised Discourses about a National Foundation Myth', *Language and Intercultural Communication*, xii/1 (2012), pp. 24–36.

Needham, Stuart, Andrew J. Lawson and Ann Woodward, ' "A Noble Group of Barrows"：Bush Barrow and the Normanton Down Early Bronze Age Cemetery Two Centuries On', *The Antiquaries Journal*, 90 (2010), pp. 1–39.

Nielsen, Poul Otto, Klavs Randsborg and Henrik Thrane, eds, *The Archaeology of Gudme and Lundeborg* (Copenhagen, 1994).

Noort, Robert Van de, 'Seafaring and Riverine Navigation in the Bronze Age of Europe', in *The Oxford Handbook of the European Bronze Age*, ed. A. Harding and H. Fokkens (Oxford, 2013), pp. 382–97.

O'Brien, William, *Iverni: A Prehistory of Cork* (Cork, 2012).

——, *Prehistoric Copper Mining in Europe, 5500–500 bc* (Oxford, 2014).

Oeggl, Klaus, et al., 'The Reconstruction of the Last Itinerary of Ötzi, the Neolithic Iceman, by Pollen Analyses from Sequentially Sampled Gut Extracts', *Quaternary Science Reviews*, xxvi/7 (2007), pp. 853–61.

Pásztor, Emília, 'Nebra Disk', in *Handbook of Archaeoastronomy and Ethnoastronomy*, ed. C.L.N. Ruggles (New York, 2015), pp. 1349–56.

Pearson, Mike Parker, et al., 'Stonehenge', in *The Oxford Handbook of the European Bronze Age*, ed. H. Fokkens and A. Harding (Oxford, 2013), pp. 159–78.

Pernter, Patrizia, et al., 'Radiologic Proof for the Iceman's Cause of Death (ca. 5300 bp)', *Journal of Archaeological Science*, xxxiv/11 (2007), pp. 1784–86.

Picaud, Carine, ed., *Astérix de A à Z* (Paris, 2013).

Piggott, Stuart, *Ancient Europe, from the Beginnings of Agriculture to Classical Antiquity: A Survey* (Edinburgh, 1965).

Piotrovsky, Boris, 'Excavations and Discoveries in Scythian Lands', *Metropolitan Museum of Art Bulletin*, xxxii/5 (1973), pp. 26–31 Piotrowski, Wojciech, 'The Importance of the Biskupin Wet Site for Twentieth-century Polish Archaeology', in *Hidden Dimensions: The Cultural Significance of*

Wetland Archaeology, ed. K. Bernick (Vancouver, 1998), pp. 89–106.

Plicht, J. van der, et al., 'Dating Bog Bodies by Means of 14c-ams', *Journal of Archaeological Science*, xxxi/4 (2004), pp. 471–91.

Plunkett, Gill, et al., 'A Multi-Proxy Palaeoenvironmental Investigation of the Findspot of an Iron Age Bog Body from Oldcroghan, Co. Offaly, Ireland', *Journal of Archaeological Science*, xxxvi/2 (2009), pp. 265–77.

Price, T. Douglas, *Ancient Scandinavia: An Archaeological History from the First Humans to the Vikings* (New York, 2015).

Pryor, Francis, *Flag Fen: Life and Death of a Prehistoric Landscape* (Stroud, 2005).

Raftery, Barry, 'Ancient Trackways in Corlea Bog, Co. Longford', *Archaeology Ireland*, i/2 (1987), pp. 60–64.

Randsborg, Klavs, 'Beyond the Roman Empire: Archaeological Discoveries in Gudme on Funen, Denmark', *Oxford Journal of Archaeology*, ix/3 (1990), pp. 355–66.

——, *Hjortspring: Warfare and Sacrifice in Early Europe* (Aarhus, 1995)

Rasbach, Gabi, 'Waldgirmes', *Archaeological Journal*, 170, supp. 1 (2013), pp. 18–21.

Reitsema, Laurie J., and Tomasz Kozłowski, 'Diet and Society in Poland before the State: Stable Isotope Evidence from a Wielbark Population (2nd c. ad)',

Anthropological Review, lxxvi/1 (2013), pp. 1–22.

Rieck, Flemming, 'The Ships from Nydam Bog', in *The Spoils of Victory, the North in the Shadow of the Roman Empire*, ed. L. Jørgensen, B. Storgaard and L. G. Thomsen (Copenhagen, 2003), pp. 296–309.

Rolle, Renate, 'Scythians: Between Mobility, Tomb Architecture and Early Urban Structures', in *The Barbarians of Ancient Europe: Realities* and Interactions, ed. L. Bonfante (Cambridge, 2011), pp. 107–31.

——, *The World of the Scythians* (Berkeley, ca, 1989).

Rowley-Conwy, Peter, *From Genesis to Prehistory: The Archaeological Three Age System and its Contested Reception in Denmark, Britain, and Ireland* (Oxford, 2007).

Roymans, Nico, *Ethnic Identity and Imperial Power: The Batavians in the Early Roman Empire* (Amsterdam, 2004).

Ruffing, Kai, 'Friedliche Beziehungen. Der Handel zwischen den römischen Provinzen und Germanien', in *Feindliche Nachbarn: Rom und die Germanen*, ed. H. Schneider (Cologne, 2008), pp. 153–65.

Ruggles, Clive L. N., 'Stonehenge and its Landscape', in *Handbook of Archaeoastronomy and Ethnoastronomy*, ed. C.L.N. Ruggles (New York, 2015), pp. 1223–38.

Sanden, Wijnand A. B. van der, 'Bog Bodies: Underwater Burials, Sacrifices and

Executions', in *The Oxford Handbook of Wetland Archaeology*, ed. F. Menotti (Oxford, 2013), pp. 401–16.

Scarre, Chris, *Exploring Prehistoric Europe* (New York, 1998).

——, *Landscapes of Neolithic Brittany* (Oxford, 2011).

Schibler, Jörg, Stephanie Jacomet and Alice Choyke, 'Arbon-Bleiche 3', in *Ancient Europe, 8000 bc–ad 1000: An Encyopedia of the Barbarian World*, ed. P. Bogucki and P. J. Crabtree, vol. i (New York, 2004), pp. 395–7.

Schier, Wolfram, 'Central and Eastern Europe', in *The Oxford Handbook of Neolithic Europe*, ed. C. Fowler, J. Harding and D. Hofmann (Oxford, 2015), pp. 99–120.

Schnurbein, S. von, 'Augustus in Germania and His New "Town" at Waldgirmes East of the Rhine', *Journal of Roman Archaeology*, xvi (2003), pp. 93–107.

Sharples, Niall M., *English Heritage Book of Maiden Castle* (London, 1991).

Shennan, Stephen, 'Cost, Benefit and Value in the Organization of Early European Copper Production', *Antiquity*, lxxiii/280 (1999), pp. 352–63 Shetelig, Haakon, and Fredrik Johannessen, Das Nydamschiff (Copenhagen, 1930).

Standish, Christopher D., et al., 'A Non-Local Source of Irish Chalcolithic and Early Bronze Age Gold', *Proceedings of the Prehistoric Society*, lxxxi (2015), pp. 149–77.

Steinel, Monika, 'Archaeology, National Socialism, and Rehabilitation: The Case of

Herbert Jahnkuhn (1905–1990)', in *Ethics and the Archaeology of Violence*, ed. A. González-Ruibal and G. Moshenska (New York, 2015), pp. 153–65.

Stout, Geraldine, *Newgrange and the Bend of the Boyne* (Cork, 2002).

——, and Matthew Stout, *Newgrange* (Cork, 2008).

Taylor, Timothy, 'The Gundestrup Cauldron', *Scientific American*, cclxvi (1992), pp. 84–9.

Thomas, Mark G., Michael P. H. Stumpf and Heinrich Härke, 'Evidence for an Apartheid-like Social Structure in Early Anglo-Saxon England', *Proceedings of the Royal Society of London B: Biological Sciences*, cclxxiii/1601 (2006), pp. 2651–7.

Urba ń czyk, Przemysław, 'The Goths in Poland – Where Did They Come from and When Did They Leave?', *European Journal of Archaeology*, i/3 (1998), pp. 397–415.

Urbanus, Jason, 'Eternal Banquets of the Early Celts', *Archaeology*, lxviii/6 (2015), pp. 44–9.

——, 'Fire in the Fens', *Archaeology*, lxx/1 (2017), pp. 34–9..

Vedeler, Marianne, and Lise Bender Jørgensen, 'Out of the Norwegian Glaciers: Lendbreen – a Tunic from the Early First Millennium ad', *Antiquity*, lxxxvii/337 (2013), pp. 788–801.

Wells, Colin, 'What's New along the Lippe: Recent Work in North Germany',

Britannia, xxix (1998), pp. 457–64.

Wells, Peter S., *The Barbarians Speak: How the Conquered Peoples Shaped Roman Europe* (Princeton, nj, 1999).

——, *The Battle that Stopped Rome: Emperor Augustus, Arminius, and the Slaughter of the Legions in the Teutoburg Forest* (New York, 2003).

——, 'Investigating the Origins of Temperate Europe's First Towns: Excavations at Hascherkeller, 1978–1981', in *Case Studies in European Prehistory*, ed. P. Bogucki (Boca Raton, fl, 1993), pp. 181–203.

——, 'Kelheim', in *Ancient Europe, 8000 bc–ad 1000: An Encyclopedia of the Barbarian World*, ed. P. Bogucki and P. J. Crabtree, vol. ii (New York, 2004), pp. 247–9.

——, *Settlement, Economy, and Cultural Change at the End of the European Iron Age: Excavations at Kelheim in Bavaria, 1987–1991* (Ann Arbor, mi, 1993).

West, Stanley, *West Stow: The AngloSaxon Village* (Ipswich, 1985) Westerdahl, Christer, 'Boats Apart: Building and Equipping an Iron-Age and Early-Medieval Ship in Northern Europe', *International Journal of Nautical Archaeology*, xxxvii/1 (2008), pp. 17–31.

Young, Bailey, 'Tomb of Childeric', in *Ancient Europe, 8000 bc–ad 1000: An Encyclopedia of the Barbarian World*, ed. P. Bogucki and P. J. Crabtree, vol. ii (New York, 2004), pp. 519–24.

致 谢

瑞科图书出版社（Reaktion Books）的本·海斯（Ben Hayes）激励我写作本书，非常感谢他的鼓励和督促。25年多以前，保罗·巴恩（Paul Bahn）鼓励我突破对波兰的早期欧洲农民的狭隘兴趣，为普通读者撰写短篇文章。这些努力累积的结果形成了本书中对许多遗址和发现的讨论。30多年来，帕姆·克拉布特里（Pam Crabtree）一直是受人尊敬的同事，一直向我通报西欧史前史晚期的最新发现。我们在《古代欧洲，公元前8000年—公元1000年：蛮族世界百科全书》（*Ancient Europe, 8000 bc–ad 1000: An Encyclopedia of the Barbarian World*，纽约，2004）的写作中密切合作，20世纪80年代后期又一起在普林斯顿大学（Princeton University）教学，这些让我得以在自己的研究领域之外广泛了解了青铜时代和铁器时代的社会。文斯·普尔（Vince Poor），我工作的普林斯顿大学工程与应用科学学院院长，鼓励我参与考古研究，支持我参加学术会议。特拉奇·米勒（Traci Miller）事无巨细地关注我们部门的需要，让我得以偶尔将注意力从管理责任转到写作和思考中来。我们的学生助理埃琳·奥赫恩（Erin O'Hearn）和阿莱夫·巴伊索伊（Alev Baysoy）帮助我编制遗址名单，检查注释和标记编辑问题。与地图绘制人塞巴斯蒂安·巴拉德（Sebastian Ballard）在地图制作中的合作令人愉快。艾米·索尔特（Amy Salter）和杰丝·钱德勒（Jess Chandler）以对细节的准确关注帮助这本书完成了编辑步骤。最后，我必须感谢家人的支持：妻子弗吉尼亚（Virginia）、女儿卡罗琳（Caroline）和玛丽亚娜（Marianna），她们陪我参观了本书中提到的许多遗址。实际上，这本书的构思是在华盛顿（Washington, DC）的一间酒店房间写下的，当时卡罗琳正在楼下与玛丽亚娜和弗吉尼亚准备她那天午后与 C. J. 克罗斯（C. J. Cross）的婚礼。她们还不知道，在楼上，《蛮族世界的拼图》正蠢蠢欲动！

图片提供鸣谢

作者和出版人希望表达对下述图片材料来源及其复制许可的感谢。一些艺术作品的地址也列在下方。

Søren H. Anderson: p. 30; Muzeum Archeologiczne, Poznań, p. 92; © Sebastian Ballard: pp. 23, 24; Bibliothèque nationale de France: p. 185; © boat 1550 bc project: p. 67; Peter Bogucki: pp. 16, 51 (after drawing by Irene Deluis), 169 (after Larsson), 194; photo © Denis Gliksman, inrap, used by permission: pp. 108–9; Kalmar County Museum: p. 186; image courtesy of Seweryn Rzepecki, University of Łódź: p. 161; The Metropolitan Museum of Art, New York: p. 10; National Museum, Copenhagen: pp. 19, 62–3, 73, 74, 165; National Museum, Dublin: p. 85; National Portrait Gallery, London: p. 197; Norfolk Museum: p. 77; © P. Pétrequin, Centre de la Recherches Archeologique de la Vallée de l' Ain, used by permission: p. 34; © South Tyrol Museum of Archaeology, Bolzano, www.iceman.it, used by permission: pp. 39, 42; image

© Tiroler - Kräuterdestillerie, used by permission: p. 212; Marianne Vedeler: p. 214.

Kevin King, the copyright holder of the image on p. 122, Carole Raddato, the copyright holder of the image on p. 146, Xuan Che, the copyright holder of the image on p. 106, and N Stjerna, the copyright holder of the image on p.70, have published these online under conditions imposed by a Creative Commons cc-by-sa 2.0 license; Rama, the copyright holder of the image on p. 33, has published online under conditions imposed by a Creative Commons cc-by-sa 2.0 fr license; Ash_Crow, the copyright holder of the image on p. 184, Erlend Bjørtvedt, the copyright holder of the image on pp. 80–81, Bullenwächter, the copyright holder of the image on p. 125, Cherubino, the copyright holder of the image on p. 142, Dbachmann, the copyright holder of the image on p. 65, Eric Gaba, the copyright holder of the image on p. 139, Jochen Jahnke, the copyright holder of the image on p. 135, LepoRello, the copyright holder of the image on pp. 208–9, Ludek, the copyright holder of the image on p. 95, Gun Powder Ma, the copyright holder of the image on p. 116, Midnightblueowl, the copyright holder of the image on pp. 118–19, Nationalmuseet, the copyright holder of the image on p. 132, Nawi112, the copyright holder of the image on p. 203, Przykuta, the copyright holder of the image on p. 177, and Andreas W. Rausch,

读者可以：

- 分享——单独复制、分发和传输这些图片。
- 合成——单独编辑这些图片。

但须符合以下条件：

- 注明出处——读者必须以笔者或授权人指明的方式注明出处（但不应以任何方式暗示以上各方授权给他们或授予他们使用作品的权利）。

重要译名对照

V. 戈登・蔡尔德	Childe, V. Gordon
阿道夫・希特勒	Hitler, Adolf
阿德里安堡	Adrianople
阿杜亚都契人	Aduatuci
阿尔邦布莱歇 3 号遗址	Arbon-Bleiche 3
阿尔伯特・乌德佐	Uderzo, Albert
阿尔弗雷德・罗森堡	Rosenberg, Alfred
阿尔斯岛 （丹麦）	Als (Denmark)
阿尔泰高原	Altai
阿古利可拉	Agricola
阿刻罗俄斯 （河社）	Achelous (river god)
阿莱西亚	Alésia
阿米安	Ammianus Marcellinus
阿米尼乌斯 （赫尔曼）	Arminius (Herrmann)
阿诺德・施瓦辛格	Schwarzenegger, Arnold

阿斯特克斯 Astérix

阿提拉 Attila

埃迪尔内，见：阿德里安堡 Edirne, see Adrianople

埃尔南多·德索托 de Soto, Hernando

埃尔普 Elp

埃姆斯伯里 （长坟） Amesbury (long barrow)

埃姆斯伯里弓箭手 Amesbury Archer

艾琳女士 Elling Woman

艾伦·索雷尔 Sorrell, Alan

艾梅·米勒 Millet, Aimé

艾明马恰，见：纳文堡 Emain Macha, see Navan Fort

艾特韦女孩 Egtved Girl

爱尔兰"皇家旧址" Irish "royal sites"

爱尔兰国家博物馆 National Museum, Ireland

安东尼墙 Antonine Wall

盎格鲁—撒克逊 Anglo-Saxons

奥贝里克斯 Obelix

奥布里洞 Aubrey Holes

奥茨，见：冰人 Ötzi, see Iceman

奥茨冰火酒 Ötzi Ice and Fire Liqueur

奥茨塔尔冰川 Ötztaler Glacier

奥德里 — Odry

奥古斯都 — Augustus

奥古斯托杜努姆 （欧坦） — Augustodunum (Autun)

奥克尼群岛 — Orkney Islands

奥克苏瓦山，见：阿莱西亚 — Mont Auxois, see Alésia

奥列尼奥斯托夫斯基莫吉尼克 — Oleneostrovskii Mogilnik

奥斯卡·蒙特柳斯 — Montelius, Oscar

奥斯万基 — Osłonki

奥托·阿尔伯特·科赫，《瓦卢斯屠戮》 — Koch, Otto Albert, *Varusschlacht*

巴达维亚人 — Batavians

巴拉克·奥巴马 — Obama, Barack

巴黎科学城 — Cité des Sciences, Paris

巴伦 （爱尔兰） — Burren (Ireland)

巴斯特古农场 — Butser Ancient Farm

苞状饰片 — bracteates

保护 — clientship

保罗·赖内克 — Reinecke, Paul

暴力 — violence

杯形符号 — cup marks

北海　　　　　　　　　　　　North Sea

北欧平原　　　　　　　　　　North European Plain

贝戈山　　　　　　　　　　　Mont Bego

贝滕　　　　　　　　　　　　Bytyń

比布拉克特 （伯夫赖山）　　Bibracte (Mont Beuvray)

比德　　　　　　　　　　　　Bede

比斯库平　　　　　　　　　　Biskupin

彼得·S. 韦尔斯　　　　　　　Wells, Peter S.

彼得·希瑟　　　　　　　　　Heather, Peter

宾夕法尼亚大学博物馆　　　　University Museum, University of

　　　　　　　　　　　　　　Pennsylva-nia

冰川　　　　　　　　　　　　glaciers

冰川时代　　　　　　　　　　Ice Age

冰人　　　　　　　　　　　　Iceman

　　发现与研究　　　　　　　　discovery and study

　　装备与服装　　　　　　　　equipment and clothing

　　死亡　　　　　　　　　　　death

　　在 21 世纪　　　　　　　　in the st century

波罗的海　　　　　　　　　　Baltic Sea

波兹南考古博物馆　　　　　　Archaeological Museum, Poznań

玻璃　　　　　　　　　　　　glass

伯夫赖山，见：比布拉克特   Mont Beuvray, see Bibracte

伯林斯菲尔德   Berinsfield

博恩霍尔姆岛   Bornholm

博尔扎诺南蒂罗尔考古博物馆   South Tyrol Museum of Archae-ology, Bolzano

博鲁姆—埃斯霍伊墓   Borum Eshøj

博斯库姆弓箭手群   Boscombe Bowmen

博因河谷   Boyne Valley

博因河河曲，见：博因河谷   Brú na Bóinne (Bend of the Boyne), see Boyne Valley

布达考拉斯   Budakalász

布达佩斯，见：阿昆库姆   Budapest, see Aquincum

布胡斯省   Bohuslän

布莱克帕奇   Black Patch

布料，见：纺织品   fabric, see textiles

布列塔尼   Brittany

布罗诺齐泽   Bronocice

财富   wealth

车辆   wheeled vehicles

城镇   oppida

秤砣   weights

厨房垃圾 （贝冢）　　　　　　kitchen middens (shell mounds)

畜力牵引　　　　　　　　　　animal traction

船，见：水运工具　　　　　　boats, see watercraft

船，见：水运工具　　　　　　ships, see watercraft

船阵　　　　　　　　　　　　ship settings

大奥姆　　　　　　　　　　　Great Orme

大布伦内比　　　　　　　　　Store Brunneby

大道 （巨石阵）　　　　　　　Avenue (The Stonehenge)

大日耳曼尼亚　　　　　　　　Germania Magna

大厅　　　　　　　　　　　　halls

大希腊　　　　　　　　　　　Magna Graecia

大英博物馆　　　　　　　　　British Museum

丹伯里　　　　　　　　　　　Danebury

丹麦国家博物馆　　　　　　　National Museum, Denmark

党卫军祖先遗产组织　　　　　ss-Ahnenerbe

《到底是什么？》　　　　　　*What in the World?*

道斯墓　　　　　　　　　　　Dowth

德国史前史联盟　　　　　　　Confederation for German Prehistory

德鲁苏斯　　　　　　　　　　Drusus

德鲁伊特　　　　　　　　　　druids

德雷塞尔 1B 型双耳葡萄酒罐　Dressel 1B amphorae

邓艾琳妮   Dún Ailinne

地位   status

地中海猕猴   Barbary ape

第纳里厄斯   denarii

蒂罗尔植物酿酒公司   Tyrol Herbal Distillery

电视   television

东哥特族   Ostrogoths

冬至   winter solstice

《动物、植物，还是矿物？》 *Animal, Vegetable or Mineral?*

独木舟，见：水运工具   dugout canoes, see watercraft

杜灵顿垣墙   Durrington Walls

锻打（铁）   forging (iron)

盾   shields

多佛船   Dover Boat

多佛尔海峡，见：英吉利海峡 Straits of Dover, see English Channel

《夺宝奇兵》   *Raiders of the Lost Ark*

《夺宝奇兵 3》   *Indiana Jones and the Last Crusade*

俄法战争   Franco-Prussian War

厄勃隆尼斯人   Eburones

厄兰岛   Öland

发酵饮料   fermented beverages

法国国家考古博物馆 Musée d'archéologie nationale, France

法国墙 murus Gallicus

法兰克人 Franks

（防御）围墙 ramparts

放射碳年代测定 radiocarbon dating

菲利普·贝当 Pétain, Philippe

菲舍尔 Fischer, Svante

菲英岛 Funen (Fyn)

费德尔湖 Federsee

费迪南德·凯勒 Keller, Ferdinand

蜂蜡 beeswax ,

蜂蜜 honey

弗拉格低地遗址 Flag Fen

弗朗索瓦·密特朗 Mitterrand, François

弗勒利希·雷尼 Rainey, Froelich

弗林特贝克 Flintbek

福西亚 Phocaea

斧子 axes

盖伊·哈尔索尔 Halsall, Guy

冈德斯特鲁普银锅 Gundestrup Cauldron

哥得兰岛 Gotland

哥特人	Goths
格哈德·弗里德尔 （DJ 奥茨）	Fridle, Gerhard (DJ Ötzi)
格拉厄姆·克拉克 （约翰·格拉厄姆·克拉克）	Clark, Grahame (John Grahame Douglas)
格拉斯顿伯里	Glastonbury
格劳巴勒男子	Grauballe Man
格伦·丹尼尔	Daniel, Glyn
格伦宁辛金项圈	Gleninsheen Gorget
格伦托夫特	Grøntoft
格尼斯韦德	Gnisvärd
弓	bows
弓箭手的同伴	Archer's Companion
狗	dogs
古道	trackways
古坟，见：葬丘	barrows, see burial mounds
古克洛根人	Oldcroghan Man
古默	Gudme
古墓，见：葬丘	tumuli, see burial mounds
古斯塔夫·科辛纳	Kossinna, Gustaf
谷仓	granaries
雇佣兵	mercenaries

棺材	coffins
灌木古坟	Bush Barrow
锅	cauldrons
《国家地理》	*National Geographic*
国王	kings
哈德良长城	Hadrian's Wall
哈尔德莫斯妇女	Huldremose Woman
哈尔施塔特	Hallstatt
时期	period
遗址	site
哈尔施塔特博物馆	Museum Hallstatt
哈尔滕	Haltern
哈萨克斯坦	Kazakhstan
海上巨圈阵	Seahenge
海因里希·希姆莱	Himmler, Heinrich
汉斯·赖纳特	Reinerth, Hans
荷兰国立古物博物馆	State Museum of Antiquities, Netherlands
赫伯特·扬孔	Jankuhn, Herbert
褐铁矿	limonite
黑彩陶器	black-figure pottery

黑尔姆斯多夫　　　　　　　　　　Helmsdorf

黑林山　　　　　　　　　　　　　Black Forest

亨吉斯特伯里角　　　　　　　　　Hengistbury Head

亨利·斯蒂尔·康马杰　　　　　　Commager, Henry Steele

红赭石　　　　　　　　　　　　　red ochre

湖上史前木桩屋　　　　　　　　　lake dwellings

琥珀　　　　　　　　　　　　　　amber

护腕　　　　　　　　　　　　　　Wristguards

花粉　　　　　　　　　　　　　　pollen

环形堡垒　　　　　　　　　　　　ringforts

黄金　　　　　　　　　　　　　　gold

　　铁器时代　　　　　　　　　　　in the Iron Age

　　青铜时代　　　　　　　　　　　in the Bronze Age

　　来自斯堪的纳维亚的罗马金币　　from Roman coins in Scandinavia

火化　　　　　　　　　　　　　　cremation

霍赫多夫　　　　　　　　　　　　Hochdorf

霍姆木圈阵，见：海上巨圈阵　　　Holme timber circle, see Seahenge

霍伊讷堡　　　　　　　　　　　　Heuneburg

霍泽　　　　　　　　　　　　　　Hodde

基督教　　　　　　　　　　　　　Christianity

吉尔达斯　　　　　　　　　　　　Gildas

戟	halberds
加布里埃尔山	Mount Gabriel
加洛林王朝	Carolingians
尖桩栅栏	palisades
剑	swords
箭镞和箭	arrowheads and arrows
桨	paddles
浇铸	casting
劫掠	looting
杰拉德·霍金斯	Hawkins, Gerald
《今日美国》	*USA Today*
金属饰环、项圈、颈环	torcs
金属探测爱好者	metal detectorists
井	wells
巨石	megaliths
另见：立石、通道墓、石板墓、石圈	see also standing stones, passage graves, dolmens, stone circles
巨石艺术	megalithic art
巨石阵	Stonehenge
建设	construction
地形	landscape
21 世纪	in the 21st century

君士坦丁堡	Constantinople
喀尔巴阡盆地	Carpathian Basin
克拉科夫考古博物馆	Archaeological Museum, Kraków
卡尔克里泽	Kalkriese
卡尔瓦里亚—泽布日多夫斯卡	Kalwaria Zebrzydowska
卡利西亚	Kalisia
卡罗基尔	Carrowkeel
卡罗莫尔	Carrowmore
卡姆洛杜努姆	Camulodunum
卡特加特海峡	Kattegat
卡西奥多罗斯	Cassiodorus
开采	mining
铜	copper
铅	lead
盐	salt
银	silver
开发商付费的考古	developer-funded archaeology
凯尔海姆	Kelheim
《凯尔经》	Book of Kells
凯尔特结	Celtic knots
凯尔特人	Celts

凯袖宫　　　　　　　　　　　　　Cashel

铠甲　　　　　　　　　　　　　　armour

康沃尔　　　　　　　　　　　　　Cornwall

柯南　　　　　　　　　　　　　　Conan

科尔切斯特，见：卡姆洛杜努姆　　Colchester, see Camulodunum

科利亚古道　　　　　　　　　　　Corlea Trackway

科隆，见：科隆尼亚阿格里皮娜　　Cologne, see Colonia Agrippina

科隆尼亚阿格里皮娜　　　　　　　Colonia Agrippina

《可移动文物计划》　　　　　　　Portable Antiquities Scheme (UK)

克拉夫斯·兰德斯堡　　　　　　　Randsborg, Klavs

克朗芬洛　　　　　　　　　　　　Clonfinlough

克里斯蒂安·于恩森·汤姆森　　　Thomsen, Christian Jurgensen

克里斯托弗·斯坦迪什　　　　　　Standish, Christopher

克林贝格　　　　　　　　　　　　Klinglberg

克鲁亨，见：拉斯克罗根　　　　　Cruachain, see Rathcrogan

克洛尼卡万人　　　　　　　　　　Clonycavan Man

克洛维　　　　　　　　　　　　　Clovis

克维亚特科夫　　　　　　　　　　Kwiatków

孔雀石　　　　　　　　　　　　　malachite

苦路十四处　　　　　　　　　　　Stations of the Cross

库亚维地区布热希奇　　　　　　　Brześć Kujawski

库亚维亚	Kuyavia
盔	helmets
拉登	La Tène
遗址	site
风格	style
拉夫克鲁	Loughcrew
拉斯克罗根	Rathcrogan
拉索瓦山	Mont Lassois
拉沃	Lavau
喇叭，号	trumpets
莱尔	Lejre
蓝铜矿	azurite
篮子	baskets
朗迪尼亚姆	Londinium
勒内·戈西尼	Goscinny, René
雷蒂安边墙	Raetian Limes
犁	ploughs
理夏德·格雷吉尔	Grygiel, Ryszard
立石	standing stones
直线排列	alignments
石圈	stone circles

林多男子	Lindow Man
隆德	Lund
卢纳罗	Lugnaro
鹿角	antler
伦德布林	Lendbreen
《伦敦新闻画报》	*Illustrated London News*
伦讷堡	Lundeborg
罗伯特·E.霍华德	Howard, Robert E.
罗戈沃	Rogowo
罗马 （城市）	Rome (city)
罗马帝国	Roman Empire
罗纳斯森林	Ronæs Skov
洛奇奇基	Lovčičky
洛伊宾根	Leubingen
马	horses
马车，见：车辆	chariots, see wheeled vehicles
马车，见：车辆	wagons, see wheeled vehicles
马蒂厄·普	Poux, Matthew
马丁·路德	Luther, Martin
马赛	Massalia
马斯特农场	Must Farm

埋藏物	deposits
迈克尔·库利科夫斯基	Kulikowski, Michael
迈克尔·迈耶	Meyer, Michael
曼兴	Manching
漫画	cartoons
矛	spears
昴宿星团	Pleiades
贸易	trade
青铜时代	in the Bronze Age
铁器时代	in the Iron Age
希腊人与蛮族之间	between Greeks and barbarians
罗马人与蛮族之间	between Romans and barbarians
梅登堡	Maiden Castle
美茵茨，见：莫贡提亚库姆	Mainz, see Mogontiacum
米曾半岛	Mizen peninsula
米尔	Meare
米夫女王墓	Queen Meave's Tomb
米特贝格 （奥地利）	Mitterberg (Austria)
民族主义	nationalism
蘑菇头大头针	mushroom-headed pins
魔幻文学	fantasy literature

莫蒂默·惠勒爵士　　　　　　Wheeler, Sir Mortimer

莫贡提亚库姆　　　　　　　　Mogontiacum

莫斯贝克　　　　　　　　　　Mosbæk

墨洛温王朝　　　　　　　　　Merovingians

默勒加兹马肯　　　　　　　　Møllegårdsmarken

木槌　　　　　　　　　　　　mallets

木圈阵　　　　　　　　　　　henge monuments (timber)，

木圈阵　　　　　　　　　　　timber circles

木圈阵　　　　　　　　　　　Woodhenge

木桩建筑，见：湖上史前木桩屋　pile dwellings, see lake dwellings

墓地　　　　　　　　　　　　cemeteries

墓丘　　　　　　　　　　　　burial mounds

　石器时代　　　　　　　　　　in the Stone Age

　青铜时代　　　　　　　　　　in the Bronze Age

　铁器时代　　　　　　　　　　in the Iron Age

墓葬　　　　　　　　　　　　burials

拿破仑·波拿巴　　　　　　　Napoleon Bonaparte

拿破仑三世　　　　　　　　　Napoleon Ⅲ

纳粹党　　　　　　　　　　　Nazi Party

纳文堡　　　　　　　　　　　Navan Fort

奶　　　　　　　　　　　　　milk

奈梅亨，见：诺瓦玛古斯　　　　　Nijmegen, see Noviomagus

内布拉星象盘　　　　　　　　　　Nebra Disc

内德·凯利　　　　　　　　　　　Kelly, Eamonn P. (Ned)

内瑟雷文贝克　　　　　　　　　　Netheravon Bake

尼达姆船　　　　　　　　　　　　Nydam Boats

尼科·罗曼斯　　　　　　　　　　Roymans, Nico

泥炭　　　　　　　　　　　　　　peat

泥炭藓　　　　　　　　　　　　　sphagnum moss

泥砖　　　　　　　　　　　　　　mud-brick

年轮年代测定　　　　　　　　　　tree-ring dating

牛轭　　　　　　　　　　　　　　yokes

纽格兰奇墓　　　　　　　　　　　Newgrange

农业的起源　　　　　　　　　　　farming, origins of

奴隶　　　　　　　　　　　　　　slaves

诺考林，见：邓艾琳妮　　　　　　Knockaulin, see Dún Ailinne

诺克纳瑞尔山　　　　　　　　　　Knocknarea (mountain)

诺曼顿丘陵　　　　　　　　　　　Normanton Down

诺斯　　　　　　　　　　　　　　Knowth

诺瓦玛古斯　　　　　　　　　　　Noviomagus

欧坦，见：奥古斯托杜努姆　　　　Autun, see Augustodunum

欧洲民族大迁徙时期　　　　　　　Migration Period

潘诺尼亚	Pannonia
皮革	fur
皮革	leather
衣服或装备	clothing or equipment
作为产品	as a product
葡萄酒	wine
普利斯库斯	Priscus
普林尼	Pliny
普热梅斯瓦夫·乌尔班奇克	Urbaczyk, Przemysław
齐柏林飞艇	Zeppelin
骑士装备	riding gear
铅	lead
切尔尼亚霍夫文化	Cherniakhov culture
切鲁西人	Cherusci
青铜	bronze
生产	production of
青铜时代的使用	use during the Bronze Age
铁器时代的使用	use during the Iron Age
青铜凿	palstaves
曲布林湾	Tybrind Vig
权贵	magnates

权力	power
权力分化	heterarchy
人质冢 （塔拉）	Mound of the Hostages (Tara)
日尔戈维亚	Gergovia
熔炼	smelting
铜	copper
铁	iron
熔炉	furnaces
瑞典国家遗产委员会	Swedish National Heritage Board
瑞典国家遗产委员会，见：瑞典国家遗产委员会	Riksantikva-rieämbetet, see Swedish National Heritage Board
瑞士湖上史前木桩屋，见：湖上史前木桩屋	Swiss lake dwellings, see lake dwellings
撒克逊人的到来	Adventus Saxonum
萨摩斯细陶器	Samian ware
塞斯特帖姆	sesterii
三时代划分体系	Three-age System
桑比堡	Sandby Borg
沙兰湖	Lac de Chalain
沙隆	Châlons
山上堡垒	hillforts

珊瑚	coral
上阿登	Oberaden
上日耳曼尼亚	Germania Superior
奢华墓葬 （铁器时代初期）	princely tombs (Hallstatt period)
舍内克—基里安施塔藤	Schöneck-Kilianstadten
砷	arsenic
生皮，见：皮革	hides, see leather
圣奥尔本斯，见：维鲁拉米恩	St Albans, see Verulamium
圣欧班德尚	Saint-Aubin-des-Champs
圣帕特里克	Patrick, St
圣十字山	Holy Cross Mountains
圣树林	Święty Gaj
湿地	wetlands
石板墓	dolmens
石板墓	Hunebedden
石弹	slingstones
石刻，见：岩石艺术	rock carvings, see rock art
石勒苏益格	Schleswig
《时间团队》	*Time Team*
实验考古学	experimental archaeology
史前巨石柱，见：立石	menhirs, see standing stones

手工生产　　　　　　　　　　　craft production

首领　　　　　　　　　　　　　chiefs

狩猎采集者　　　　　　　　　　hunter-gatherers

树木年代学，见：年轮年代测定　dendrochronology, see tree-ring
　　　　　　　　　　　　　　　dating

水运工具　　　　　　　　　　　watercraft

斯基泰人　　　　　　　　　　　Scythians

斯季奇那　　　　　　　　　　　Stična

斯凯特霍尔姆　　　　　　　　　Skateholm

斯拉夫人　　　　　　　　　　　Slavs

斯穆泽沃　　　　　　　　　　　Smuszewo

锶同位素　　　　　　　　　　　strontium isotopes

苏格兰环境局，见：苏格兰历史环　Historic Scotland, see Historic
境局　　　　　　　　　　　　　Environment Scotland

苏格兰历史环境局　　　　　　　Historic Environment Scotland

苏勒德斯　　　　　　　　　　　solidi

燧石　　　　　　　　　　　　　flint

索别尤希　　　　　　　　　　　Sobiejuchy

索尔兹伯里平原　　　　　　　　Salisbury Plain

锁子甲　　　　　　　　　　　　chain mail

塔尔海姆　　　　　　　　　　　Talheim

塔拉	Tara
塔伦特	Tarent
塔努姆	Tanum
塔西陀	Tacitus
泰尔格特	Telgte
碳年代测定，见：放射碳年代测定	carbon- dating, see radiocarbon dating
陶酒罐	oinochoe
陶器	pottery
特伦霍姆太阳战车	Trundholm Sun Chariot
特维耶克岛	Téviec
提贝里乌斯	Tiberius
天体观测	celestial observation
条顿堡林山	Teutoberg Forest
铁	iron
生产	production
通道墓	passage graves
铜	copper
投石器	ballista
图尔奈	Tournai
图伦男子	Tollund Man

托勒密	Ptolemy
托尼·克兰	Clunn, Tony
瓦尔德吉尔摩斯	Waldgirmes
瓦卢斯	Varus, Publius Quinctilius
瓦伦斯	Valens
瓦伦提尼安三世	Valentinian Ⅲ
瓦瑟堡布豪	Wasserburg-Buchau
汪达尔人	Vandals
王子住地	Fürstensitze
王子住地 （铁器时代初期） 见：	princely seats (Hallstatt period) see
王子住地	Fürstensitze
威廉·坎宁顿	Cunnington, William
威廉·斯蒂克利	Stukeley, William
韦塞克斯	Wessex
韦斯特兰	Vestland
维村	Vix
维尔巴克文化	Wielbark culture
维京人	Vikings
维鲁拉米恩	Verulamium
维欧勒－勒－杜克	Viollet-le-Duc
维钦托利	Vercingetorix

维特穆尔	Wittemoor
维也纳，见：文多波纳	Vienna, see Vindobona
维也纳自然史博物馆	Natural History Museum, Vienna
温德比女孩 / 男孩	Windeby Girl/Boy
文多波纳	Vindobona
文斯·加夫尼	Gaffney, Vince
文物管理	heritage management
文物贸易	antiquities trade
纹身	tattoos
沃特·戈法特	Goffart, Walter
乌比人	Ubii
乌尔丁根木桩建筑博物馆	Pfahlbaumuseum Unteruhldingen
乌尼奥瓦	Łoniowa
乌普恰	Uppåkra
武器	weapons
另见：矛、剑、箭镞、弓、戟	see also spears, swords, arrowheads, bows, palstaves, halberds
武士	warriors
西哥特人	Visigoths
西肯尼特长坟	West Kennet long barrow
西斯托	West Stow

希尔德里克　　　　　　　　Childeric

希腊人　　　　　　　　　　Greeks

希维克　　　　　　　　　　Kivik

锡　　　　　　　　　　　　tin

锡巴里斯市　　　　　　　　Sybaris

锡尔克堡　　　　　　　　　Silkeborg

锡尔克堡博物馆　　　　　　Silkeborg Museum

下日耳曼尼亚　　　　　　　Germania Inferior

下萨克森州立博物馆　　　　Lower Saxony Landesmuseum

夏至　　　　　　　　　　　summer solstice

献祭，见：埋藏物　　　　　offerings, see deposits

香料　　　　　　　　　　　spices

象牙　　　　　　　　　　　ivory

像箔　　　　　　　　　　　figure foils

肖穆尔　　　　　　　　　　Shaugh Moor

小波兰　　　　　　　　　　Małopolska

楔形墓　　　　　　　　　　wedge tombs

谢米耶科夫　　　　　　　　Siemiechów

新月形项圈　　　　　　　　lunulae

匈奴　　　　　　　　　　　Huns

亚麻　　　　　　　　　　　linen

岩石艺术　　　　　　　　　　　rock art

　斯堪的纳维亚　　　　　　　　　Scandinavia

　阿尔卑斯山　　　　　　　　　　Alps

盐　　　　　　　　　　　　　　salt

宴会　　　　　　　　　　　　　feasting

扬斯·雅各布·阿斯穆森·沃索　Worsaae, Jens Jacob Asmussen

羊毛　　　　　　　　　　　　　wool

氧同位素　　　　　　　　　　　oxygen isotopes

伊佛尼　　　　　　　　　　　　Iverni

伊勒普 Å 河谷　　　　　　　　　Illerup Ådal

伊特福德山　　　　　　　　　　Itford Hill

伊兹德诺　　　　　　　　　　　Izdebno

衣服　　　　　　　　　　　　　clothing

仪式　　　　　　　　　　　　　rituals

　遗址和地形　　　　　　　　　　sites and landscapes

　活动　　　　　　　　　　　　　practices

移民　　　　　　　　　　　　　migration

银　　　　　　　　　　　　　　silver

英国地形测量局　　　　　　　　Ordnance Survey

英吉利海峡　　　　　　　　　　English Channel

硬币与钱币	coins and coinage
当地人	native
罗马人	Roman
现代	modern
幽门螺杆菌	Helicobacter pylori (bacterium)
尤利安努斯	Iulianus
尤利乌斯·恺撒	Caesar, Julius ,
游行	processions
有室墓	chambered tombs
鱼叉	leisters
鱼梁	fish traps
鱼油	fish oil
圆屋	roundhouses
远征	*entradas*
约达尼斯	Jordanes
约翰·奥布里	Aubrey, John
约瑟夫·科斯切夫斯基	Kostrzewski, Józef
约特斯普林船	Hjortspring Boat
战利品献祭	war-booty sacrifices
战争，见：暴力	warfare, see violence

长屋 longhouses

沼泽 bogs

沼泽尸体 bog bodies

赭色黏土陶 terra sigillata pottery

拯救考古学 rescue archaeology

织物 textiles

直立石 orthostats

中心聚落 central place settlements

钟形杯 Bell Beakers

州立考古博物馆 Archäologisches Landesmuseum,

铸模，见：浇铸 moulds, see casting

兹韦涅基 Zvejnieki

族名 ethnonym